Estudio bíblico para mujeres

Guía de estudio, mujeres inspiradoras de
La Biblia y lecciones prácticas

Índice

Introducción

¿Está buscando una forma de profundizar en su fe y en su comprensión espiritual de la palabra de Dios, especialmente como mujer? EL *Estudio bíblico para mujeres* está aquí para ayudarle. Este libro fue escrito para usted. Se centra en las partes más relevantes de versículos bíblicos y oraciones que hablan directamente al corazón de las mujeres. Si desea un libro que le ayude a conectar profundamente con La Biblia, no busque más.

Esta guía es el empoderamiento que necesita para convertirse en una mejor versión de sí misma, porque le enseña a estudiar La Biblia y le ayuda a descubrir el propósito que Dios le dio. Ofrece técnicas fáciles de seguir para acercarse a La Biblia y proporciona consejos sobre cómo prepararse para leer. Estas técnicas le ayudarán a sentirse más segura y preparada y a comprender lo que lee.

Las mujeres fueron importantes para la obra de Dios desde el principio de los tiempos hasta hoy. La Biblia está llena de relatos sobre mujeres fuertes y fieles que desempeñaron papeles esenciales en el plan de Dios, y sus historias inspiran a vivir la fe con la misma fortaleza y confianza en Dios que ellas. Esta guía presenta a varias mujeres piadosas y se acerca a sus vidas mediante el estudio de su carácter. Podrá aprender de estas experiencias e inspirarse en su fe y valentía.

El *Estudio bíblico para mujeres* facilita la comprensión de La Biblia, dividiéndola en secciones más pequeñas. A veces, al estudiar La Biblia, resulta abrumador saber por dónde empezar o cómo encontrar las partes más interesantes. Esta guía resuelve este problema dividiendo el libro en secciones, que incluyen lecciones fáciles de seguir. Cada sección está cuidadosamente elegida y escrita de una forma sencilla, para que usted pueda sentirse identificada.

Al final de cada capítulo, esta guía ofrece pistas para llevar un diario de reflexión personal. Escribir sus pensamientos le ayuda a procesar lo que lee y le facilita recordar y poner en práctica las lecciones. Estas indicaciones la animan a pensar en lo que ha aprendido y en cómo puede aplicarlo a su vida. Le permiten hablar con Dios a través de la escritura.

Si está lista para iniciar un nuevo capítulo de su viaje espiritual, el *Estudio bíblico para mujeres* es su compañero perfecto. Comience a leer hoy mismo y descubra cómo transformar su comprensión de La Biblia y crecer en su fe.

Capítulo 1: Cómo prepararse para el estudio de La Biblia

La Biblia es una colección de la palabra escrita de Dios para que los creyentes adquieran un conocimiento y una comprensión más profundos de Él. No es un solo libro. Es una compilación de muchos libros escritos por varias personas a lo largo de siglos y generaciones.

La Biblia se puede comparar con una antigua biblioteca. Estudiarla es como entrar en una gigantesca biblioteca llena de libros antiguos con inmensa sabiduría. En los estantes, se encuentran libros que cuentan diferentes historias: relatos sobre un grupo de personas. Algunos hablan de leyes; algunos son poesía o dichos de sabios; y otros son las biografías de personas influyentes en la historia del cristianismo. Esto es La Biblia: una biblioteca de libros escritos con siglos de diferencia por varias personas, con un estilo y un propósito definido bajo la inspiración del Espíritu Santo.

La Biblia se puede comparar con una biblioteca antigua[1]

Todo creyente es un erudito en la escuela del espíritu. Con la lectura de la Biblia y la escuela del espíritu sucede igual que con una carrera que se elige para estudiar: se deben leer libros de texto, revistas y otros materiales relevantes para estudiar. La Biblia es un libro que no se puede leer sin estudiar, especialmente para las mujeres.

Este primer capítulo brinda herramientas prácticas y espirituales para prepararse eficazmente para el estudio de La Biblia, haciendo hincapié en la importancia de crear un entorno propicio, establecer intenciones e introducir métodos de estudio bíblico que le ayuden a sacar el máximo provecho a su estudio.

¿Qué es el estudio de La Biblia?

El estudio de La Biblia implica hacer una pausa en el ajetreo de la vida para sentarse con un lapicero, un bloc de notas y una Biblia, y aprender de las cosas profundas de Dios con la ayuda del Espíritu Santo. El objetivo final del estudio de La Biblia no es decir que la leyó de cabo a rabo. Por el contrario, se trata de conocer a Dios más profundamente.

Como mujer, hay algo especial en abrir La Biblia, leerla, pensar y comprender lo que dice. La vida es extremadamente ajetreada, y tiene muchas cosas que llevan a las mujeres en diferentes direcciones: el trabajo, la familia, etc. Sentarse con La Biblia es tomarse un momento para respirar, escuchar y aprender lecciones que pueden dar forma a su visión del mundo y a sus reacciones ante los problemas de la vida.

El estudio bíblico es como sentarse con un amigo sabio, con muchas historias por contar y consejos para dar. Este sabio amigo no es otro que La Biblia. Cuando se compromete a estudiarla, la guían la fe y la sabiduría transmitidas durante miles de años.

¿Recuerda a Pedro, el discípulo de Jesús? Cuando tuvo miedo al mar, empezó a ahogarse. El miedo ahoga los destinos. Normalmente, el miedo al fracaso es lo que hace fracasar a la mayoría de la gente. La cura del miedo es la fe. Una de las maneras más fáciles de construir su fe es estudiando la palabra de Dios. La Biblia dice en Romanos 10:16-17: «Pero no todos los israelitas aceptaron la buena nueva. Porque Isaías dice: "Señor, ¿quién ha creído en nuestro mensaje?" En consecuencia, la fe proviene de escuchar el mensaje, que se oye a través de la palabra sobre Cristo».

El estudio de La Biblia no es cosa de un día. Es la principal fuente de crecimiento espiritual para los creyentes. No puede ignorar la palabra de Dios y mantener la estabilidad durante un largo periodo. La palabra Dios mantiene a su pueblo conectado diariamente. Recuerde, Dios habla a su pueblo expresamente a través de su palabra.

La importancia de prepararse para el estudio de La Biblia

El estudio de La Biblia no consiste únicamente en coger el texto cuando se siente culpable por no haberlo abierto durante meses. Esa no es forma de estudiar. Si esa es su motivación para leer la Palabra de Dios, solo se engaña a sí misma. En Gálatas 6:7-8, La Biblia dice: *«No se engañen: Dios no puede ser burlado. El hombre cosecha lo que siembra. Quien siembra para agradar a su carne, de la carne cosechará destrucción; quien siembra para agradar al espíritu, del espíritu cosechará vida eterna».*

Estudiar La Biblia es un asunto serio; por lo tanto, requiere una preparación física y espiritual adecuada. Si aún no lo sabe, debe tener en cuenta que estudiar La Biblia después de preparar espiritualmente su corazón es una forma de sembrar para agradar al espíritu. Como afirma el texto anterior, usted está en el buen camino para la vida eterna si elige este camino.

Cuando se prepara, su mente está lista para aprender. Se concentra más, comprende más y recuerda fácilmente lo que lee. Preparar la mente y el corazón antes de estudiar La Biblia es vital para sacar el máximo partido a su estudio. Conduce al crecimiento espiritual, al desarrollo personal y a fuertes lazos comunitarios.

Crecimiento espiritual

El crecimiento espiritual es una de las razones más esenciales para prepararse para el estudio de La Biblia. Cuando dedica tiempo a prepararse, abre su corazón y su mente a Dios. A medida que estudia, aprende más sobre Dios y el amor que tiene por usted. La Biblia está llena de historias y enseñanzas que muestran lo mucho que Dios se preocupa por todos. Si se prepara, puede comprender más profundamente estas lecciones, que ayudan a que su espíritu se fortalezca, porque llenan su corazón con la verdad y el amor de Dios. Con cada sesión, usted crece espiritualmente, lo que la hace sentir más cerca de Dios y le da paz y fuerza a diario.

Desarrollo personal

Todo lo relativo a la vida y a la piedad está a disposición de los creyentes a través de la palabra de Dios. Diversas historias y amonestaciones de La Biblia enseñan a ser amables, honestos, diligentes y compasivos. Todo lo que necesita para vivir una vida buena y plena se encuentra en las páginas de la palabra de Dios. Estas lecciones son demasiado importantes para abordarlas a la ligera. De ahí que sea necesaria una preparación. A medida que lea y comprenda La Biblia, podrá ver cómo estas lecciones se aplican a su vida. Quizá note aspectos en los que puede mejorar, como ser más paciente o perdonar más. Antes de que se dé cuenta, estos pequeños cambios habrán conducido a una mejora de su carácter y la convertirán en la mujer virtuosa descrita en Proverbios 31: 1-31. Se convertirá en la mejor versión de sí misma, en la persona que Dios quiere que sea.

Fortalecimiento comunitario

No importa si el estudio bíblico se hace en solitario o con un grupo de mujeres con la misma visión, la preparación previa sigue siendo muy importante. Cuanto más preparada esté cada persona, más interactiva y satisfactoria será la sesión de estudio. Cada miembro del grupo debe partir de un lugar de disposición y apertura para aprender de la perspicacia de los demás, inspirada por el espíritu de Dios. El crecimiento es inevitable, personal y comunitario.

El poder de los objetivos específicos

Durante su preparación, recuerde fijarse objetivos concretos. Los necesitará. Plantearse un objetivo específico a la hora de estudiar es como elegir un color azul para pintar el mar. El azul marino, azul cielo y azul rey, pertenecen todos a la familia del azul. Si su objetivo es que se vea azul marino, se esforzará por encontrar eso específicamente. ¿Verdad? Elegir un color diferente o un color al azar no sería tan satisfactorio, porque ya se planteó un objetivo. Su objetivo específico en el estudio de La Biblia puede ser comprender una escritura, encontrar la paz o escoger un principio bíblico para aplicarlo a su vida.

La Biblia está llena de sabiduría y perspicacia. Para aprovechar al máximo su sesión de estudio, por larga que sea, es aconsejable que aborde partes pequeñas, para poder procesar y digerir sin problemas.

Los objetivos específicos le ayudan a estudiar mejor. Por ejemplo, si su objetivo es comprender un tema como la honestidad, puede concentrarse en versículos bíblicos e historias que faciliten la comprensión del tema, así se mantendrá cerca de su objetivo.

Los objetivos específicos ayudan a estudiar mejor[2]

Además de proporcionar una dirección definida, los objetivos le ayudan a hacer un seguimiento de su crecimiento espiritual. Si su objetivo es rezar o confiar más en Dios, con el tiempo podrá ver lo bien que lo hace. Los objetivos la ayudan a mantenerse comprometida y motivada. A medida que los vaya cumpliendo, se sentirá más cerca de Dios y más fuerte en su fe.

La necesidad de una preparación espiritual

El estudio de La Biblia no es un parque de diversiones. Estudiar La Biblia sin preparación espiritual es la peor manera de hacerlo. Es como lanzarse a una piscina y salir completamente seco después de pasar horas en ella. Ni siquiera su pelo está mojado. En otras circunstancias, eso podría ser un milagro. Sin embargo, en este contexto, la piscina es La Biblia, y salir seco no es bueno; significa que no hay una comprensión profunda.

Esta es la razón por la que mucha gente sigue luchando con el crecimiento espiritual, aunque haya leído La Biblia de principio a fin, en varias traducciones.

¿Qué significa prepararse espiritualmente para el estudio de La Biblia? Invite al espíritu de la presencia de Dios a unirse a usted para la sesión de estudio. Si la guía el espíritu, puede dar un paso más antes y durante su tiempo de estudio.

En Juan 14:26, Jesús dijo, *«Pero el abogado, el Espíritu Santo, a quien el Padre enviará en mi nombre, os enseñará todas las cosas y os recordará todo lo que yo os he dicho».* El Espíritu Santo es el acceso de los creyentes a las cosas profundas de Dios, 1 Corintios 2:9-10, *«Sin embargo, como está escrito: "Lo que ningún ojo ha visto, lo que ningún oído ha oído, y lo que ninguna mente humana ha concebido" —las cosas que Dios ha preparado para los que le aman— son las cosas que Dios nos ha revelado por su Espíritu. El Espíritu escudriña todas las cosas, incluso las cosas profundas de Dios».*

Es el espíritu el que alerta sobre los momentos importantes de una historia bíblica. La Biblia está llena de misterios y claves para triunfar en todas las facetas de la vida.

La redención sin empoderamiento conduce a la frustración. El agente del empoderamiento es el Espíritu Santo. El canal a través del cual llega el empoderamiento es la palabra de Dios. Su hambre y su sed son el precio a pagar por este empoderamiento a través del estudio de la palabra. Salmos 63:1. Su sed de conocimiento y la sabiduría de Dios yace bajo las letras impresas en las páginas de La Biblia, dando acceso al poder que respalda la palabra de Dios.

Así que, aunque usted pueda leer La Biblia hasta que se canse o le dé sueño, eso no determina que su fe crezca. No es el tiempo o el número de historias bíblicas que lea lo que aumenta su fe en la palabra de Dios. ¡No se deje engañar! La luz que encuentra en la palabra de Dios es lo que aumenta su fe, y esta luz proviene de la iluminación de su espíritu y de que mantenga abiertos los ojos de su entendimiento.

Por eso Pablo, orando por la Iglesia, dijo en Efesios 1:17-18:

«Pido que el Dios de nuestro Señor Jesucristo, el Padre glorioso, les dé el Espíritu de sabiduría y de revelación, para que lo conozcan mejor. Pido también que les sean iluminados los ojos del corazón para que sepan a qué esperanza él los ha llamado, cuál es la riqueza de su gloriosa herencia entre los santos...».

Preparación práctica para el estudio bíblico

Así como se prepara espiritualmente, también debe hacerlo en la práctica. Elija un lugar tranquilo para concentrarse en la lectura de La Biblia sin interrupciones. Puede ser su dormitorio, un rincón acogedor de su casa o un lugar al aire libre donde se sienta tranquilo. Elegir un momento en el que no se distraiga es importante, quizá a primera hora de la mañana, antes de que empiece el día, o por la tarde, después de que todo esté en calma, para que pueda concentrarse mejor y evitar distracciones.

A continuación, asegúrese de que tiene todo lo que necesita antes de empezar a estudiar. Por supuesto, necesitará su Biblia. También es esencial un cuaderno y un lapicero para anotar pensamientos, preguntas o puntos importantes que le vengan a la mente mientras lee. Una sesión de estudio de La Biblia sin estas herramientas es como cultivar la tierra sin una azada y un machete. Tener estos implementos cerca le garantiza no tener que desconcentrarse para ir a buscar algo.

Tómese su tiempo con cada versículo. Si se encuentra con una palabra o frase que no entiende, no se preocupe. Puede buscarla más tarde o releerla para ver si adquiere más sentido. Prepárese mentalmente para leer y estudiar hasta comprender.

Técnicas de estudio de La Biblia

Puede emplear técnicas sencillas de estudio de La Biblia que ayudan a comprenderla realmente y a aprovechar al máximo el tiempo de estudio. Algunas de estas son:

- Estudio bíblico inductivo
- Estudio bíblico temático

- Estudio del carácter

La técnica de estudio bíblico inductivo consiste en observar pasajes bíblicos y sacar conclusiones. Esta técnica de estudio bíblico pretende responder a seis preguntas.

1. ¿Quién habla en el pasaje bíblico?
2. ¿Cuándo sucede?
3. ¿Dónde sucede el pasaje?
4. ¿De qué trata el pasaje?
5. ¿Por qué es relevante el mensaje de esa escritura?
6. ¿Cómo se aplica ese mensaje a su vida?

La técnica del estudio del carácter es otra forma estupenda de estudiar La Biblia. Se centra en un personaje concreto y en cómo se convirtió en testimonio viviente de la fidelidad de Dios. Este libro está basado principalmente en este tipo de estudio. Aprenderá sobre las mujeres de La Biblia y su relación con Dios. Para un estudio eficaz del carácter, he aquí los pasos a seguir:

1. Seleccionar un personaje bíblico.
2. Buscar en las escrituras versículos relevantes sobre él.
3. Utilizar herramientas, como diccionarios bíblicos y libros ungidos, para saber más sobre el personaje.
4. Comprender cómo aplicar las lecciones de ese personaje en su propia vida.

La última técnica de estudio es el estudio temático. Como su nombre indica, esta técnica explora temas o conceptos de La Biblia. Esta técnica requiere:

1. Seleccionar un tema.
2. Investigar el tema.
3. Seleccionar versículos bíblicos relevantes para estudiar.
4. Hacer preguntas y resumir las conclusiones.
5. Escribir un diario sobre cómo aplicar los conocimientos adquiridos.

A continuación, se presentan algunos consejos sobre cómo leer y anotar las escrituras, tomar notas y utilizar un diario:

- Comience con una oración. Antes de abrir su Biblia para estudiar, dedique un tiempo a rezar. Pídale a Dios que le enseñe y le ayude a comprender su palabra. Esta oración puede ser muy útil. Según Juan 14:26, el Espíritu Santo está ahí para enseñar.

- Vaya despacio y con calma. No hay necesidad de precipitarse. Puede elegir un pasaje, quizá solo unos versículos, y leer despacio. Lea y relea hasta que entienda lo que dice.

- Mientras lee, si una parte de la escritura le llama la atención, utilice un lápiz o un resaltador para marcar o subrayar el versículo. Esto le ayudará a recordarlo fácilmente. Además, será más fácil encontrarlo cuando abra su Biblia.

- Después de leer un versículo, medite sobre él y tome notas. No es necesario que escriba demasiado, basta con unas palabras que le sirvan de recordatorio. El Salmo 1:2-3 dice, «*...pero quien se deleita en la ley del Señor, y medita en su ley día y noche. Esa persona es como un árbol plantado junto a corrientes de agua, que da su fruto en sazón y cuya hoja no se marchita: todo lo que hace prospera*». La meditación hace que la luz de la palabra de Dios brille con más intensidad. Por eso, Dios le dijo a Josué en Josué 1:8 que meditara en la palabra día y noche.

- No tema hacer preguntas. Cuando lea y encuentre partes difíciles de entender, no las ignore ni haga suposiciones. Anote sus preguntas. Puede preguntar a alguien más maduro espiritualmente o rezar para comprender mejor. El Espíritu Santo está ahí para ayudarle. Pida y recibirá, incluso si se trata de conocimiento y comprensión.

- Consiga un diario en el que escriba a diario o semanalmente, dependiendo de su horario de estudio. Con uno es suficiente. Cuando esté lleno, no lo deseche. Consiga uno nuevo y conserve el antiguo como referencia.

Documentar sus hallazgos diarios en un diario le ayuda a progresar[9]

- Después de leer y escribir, reflexione sobre lo que leyó y vuelva a rezar. Haga una oración de agradecimiento y pida al Señor que le ayude a aplicar sus nuevos conocimientos. Lucas 6:47-48, *«Voy a decirles a quién se parece todo el que viene a mí, y oye mis palabras y las pone en práctica. Se parece a un hombre que, al construir una casa, cavó bien hondo y puso el cimiento sobre la roca. De manera que cuando vino una inundación, el torrente azotó aquella casa, pero no pudo ni siquiera hacerla tambalear porque estaba bien construida».*

Desafíos del estudio de La Biblia para mujeres

Como toda actividad gratificante y satisfactoria, el estudio de La Biblia también tiene desafíos. Estos desafíos difieren para cada persona. A continuación, se enumeran algunos desafíos comunes del estudio de La Biblia a los que se enfrentan las mujeres:

- **Dificultad para establecer horarios de estudio:** Las mujeres suelen tener dificultades para compaginar el estudio de La Biblia con responsabilidades como el trabajo, la familia y las tareas domésticas. Casi no tienen tiempo libre una vez que terminan sus tareas diarias. Esto supone un enorme desafío. Algunas mujeres posponen sus sesiones de estudio para alcanzar a hacer todo lo demás.

- **Dificultad para mantener su interés inicial por estudiar La Biblia:** Crear un hábito de estudio bíblico constante y regular la pondrá a prueba de varias maneras, especialmente cuando la vida se vuelva ajetreada o la motivación decaiga.

- **Experimentar sequía espiritual:** Hay momentos en los que el estudio de La Biblia puede ser estresante. Puede parecerle que debería haber dejado para otro momento una actividad que en realidad debería llenarla. Esto pasa cuando no puede «sentirla».

- **Distracciones a la hora de estudiar:** Como mujer, especialmente una que ama a Dios, que tiene comunión con Él a través de su palabra, es probable que las distracciones lleguen de todos los ángulos. Pueden ser notificaciones, niños, miembros de la familia o pensamientos intrusivos, todos con el objetivo de desviarla del camino del conocimiento.

- **Poner en práctica lo aprendido:** Después de estudiar La Biblia, muchas personas son bendecidas con un gran conocimiento y comprensión. Sin embargo, aplicar estos conocimientos puede convertirse en un problema. Proverbios 4:7 explica cómo la sabiduría es lo principal. ¿Qué es la sabiduría? La sabiduría es el conocimiento aplicado. Por lo tanto, obtener conocimientos no es suficiente si no los aplica. Incluso Jesús habla de personas que reciben la palabra, pero no hacen nada con ella, en Mateo 13:20-22.

Cómo afrontar estos retos

Afrontar el reto de sacar tiempo:

- **Sea intencionada con su tiempo:** Puede reservar un tiempo específico cada día, aunque solo sean diez o quince minutos, para el estudio de La Biblia. Pequeñas dosis cada día le ayudan a preparar su mente y su cuerpo para sesiones más largas.

- **Haga del estudio de La Biblia una rutina diaria:** No tiene que esperar a estar completamente libre. Puede leer un versículo o un devocional mientras desayuna, o durante un descanso en el trabajo.

Afrontar el reto de mantenerse constante

- **No ponga la vara demasiado alta:** Sea realista. Empiece con objetivos pequeños y manejables, como leer un capítulo o algunos versículos al día. Es su tiempo de estudio. No está estudiando para un examen o para ganar un premio. Tómese su tiempo.

- **Usted se conoce mejor que nadie:** Si mantenerse constante es un problema para usted, busque una compañera de estudio o únase a un grupo. De este modo, siempre estará animada y animará a los demás a seguir por el buen camino.

Afrontar el reto de la sequía espiritual

- **Probar diferentes enfoques de estudio de La Biblia:** Elija un tema y explore. Si le resulta aburrido, cambie al estudio de personajes y estudie sobre una persona o un grupo de personas de La Biblia. Si esto sigue sin convencerle, elija un libro de La Biblia al azar para estudiarlo y tome notas en un diario. Alguno de estos métodos la convencerá, al menos durante un periodo razonable.

- **Pedir a Dios:** Pídale una perspectiva fresca y el deseo de aprender más sobre Él. Esta es la cura definitiva para la sequía espiritual. Cuando involucra el misterio de pedir a Dios más a través de su palabra, el Espíritu Santo aparece para llevarla a las profundidades de la sabiduría y el conocimiento de Dios en su palabra.

Afrontar el reto de las distracciones

- **Permitirse un poco de «tiempo personal»:** Utilícelo. No se sienta culpable por querer un tiempo a solas donde solo estén usted, su Biblia y el Espíritu Santo. Encuentre un lugar donde pueda concentrarse sin interrupciones.

- **Establecer límites:** Cualquiera que tenga que comunicarse con usted puede esperar unos minutos u horas. Apague el teléfono. Si le parece demasiado extremo, siléncielo o póngalo en modo «No molestar» durante su tiempo de estudio. En última instancia, usted está construyendo una persona de quien los otros quieren estar cerca. Necesita tiempo de estudio para su bienestar.

Afrontar el reto de aplicar los conocimientos

- Después de leer, dedique unos minutos a pensar cómo puede aplicar lo que aprendió. En Santiago 1:22 se amonesta a los creyentes: *«No se contenten sólo con escuchar la palabra, pues así se engañan ustedes mismos. Llévenla a la práctica.»*.

- Escriba las ideas que le llamen la atención, medite sobre ellas y sobre cómo aplicarlas en su vida diaria.

Anécdotas inspiradoras de mujeres y cómo el estudio de La Biblia mejoró sus vidas y su relación con Dios

Beth Moore | Autora

«Las escrituras han sido una fuente de fortaleza y guía en mi vida personal. Como profesora de La Biblia y autora, el estudio de este libro me ha ayudado a atravesar tiempos difíciles y me ha acercado aún más a Dios».

Lysa TerKeurst | Presidenta de los Ministerios. Proverbios 31

«Estudiar La Biblia cambió mi vida por completo. Me ayudó a encontrar paz, propósito y sanación».

Joyce Meyer | Autora y oradora cristiana

«Estudiar la palabra de Dios me ha ayudado a comprender el amor y el perdón de Dios. Me ha dado esperanza, ha mejorado mi crecimiento personal y espiritual y me ha guiado para iniciar mi ministerio».

Diario de reflexión

Cree su primera entrada en el diario afirmando sus objetivos para el estudio de La Biblia. ¿Qué quiere aprender, aplicar y lograr?

Capítulo 2: Las mujeres del Génesis

El Génesis es el primer libro de La Biblia, escrito por el profeta Moisés bajo la inspiración del espíritu de Dios. Es uno de los libros más antiguos de La Biblia y contiene muchas historias interesantes e inspiradoras, como la historia de la creación, el arca de Noé, la historia de Abraham, José y su capa de muchos colores, Isaac y su pozo, Sodoma y Gomorra, Jacob, el rebaño multicolor y muchas más.

El Génesis es el primer libro de La Biblia‘

En este capítulo se estudia la vida de algunos personajes bíblicos. Se centra en las mujeres del Génesis: la esposa de Adán, Eva, en la historia de la creación; la esposa de Abraham, Sara; la sierva de Sara, Agar; la esposa de Isaac, Rebeca; y las dos hijas de Labán, Lía y Raquel.

Estas mujeres experimentaron retos que pusieron a prueba su fe y su confianza en Dios. Cada una respondió de forma única. Este capítulo explora cómo manejaron estas situaciones y salieron victoriosas. Hay muchas lecciones por aprender de las mujeres del Génesis, así que tome su lapicero y su cuaderno.

Eva | La primera mujer de la creación

A menudo denominada la madre de todos los vivos, Eva era la costilla que le faltaba a Adán. Fue creada como ayuda para Adán, como su compañera, para que llevaran a cabo el propósito de Dios para sus vidas. Durante su estancia en el Jardín del Edén, tenían todo lo que necesitaban. Estaban en paz y sus días estaban llenos de alegría y risas, sin dolor o miedo; en presencia de Dios. Tenían dominio sobre todas las cosas creadas por Dios.

Dios dio a la pareja una orden: no comer del árbol de la ciencia del bien y del mal. El árbol se erguía en medio del jardín, como un juguete brillante y, como todo lo prohibido, era más bello y tentador que el resto. Eva nunca cuestionó el mandamiento, confiando en la sabiduría de Dios.

Por desgracia, la serpiente utilizó su naturaleza sutil y engañosa para aprovecharse de su inocencia e ingenuidad. La convenció de que no morirían, como Dios les había dicho, sino que sus ojos se abrirían y llegarían a ser como dioses (Génesis 3:5). Si tan solo hubiera sabido que la intención de la serpiente era hacerles perder su lugar en el reino de Dios. Eva comió el fruto y rápidamente compartió su descubrimiento con su marido.

En efecto, se convirtieron en dioses. Sin embargo, Dios los expulsó del jardín antes de que comieran del Árbol de la Vida y se volvieran inmortales. Así, se rebelaron contra Dios, como había hecho el ángel Lucifer (la serpiente). En su ira por la desobediencia, los humilló, obligándolos a trabajar para obtener su alimento, pero nunca les quitó su naturaleza piadosa. En el Salmo 82:6-7 Dios dijo:

> *«Yo les he dicho: Ustedes son dioses; todos ustedes son hijos del Altísimo. Pero morirán como cualquier mortal; caerán como cualquier otro gobernante».*

Eva era una mujer de mente abierta, optimista y una excelente comunicadora. Tenía fe en Dios y la intrigaba ver y oír a la serpiente. La curiosidad de Eva fue más fuerte y la hizo comer el fruto. Su vida se convirtió en un testimonio de las consecuencias de la desobediencia y de la gracia inagotable de Dios.

Sara | La madre de las naciones

Ninguna mujer habría podido soportar que le dijeran que sería la madre de las naciones y, sin embargo, permaneciera estéril durante más de ochenta años. Sara se casó con Abraham cuando este era conocido como Abram y vivía en la casa de su padre. Su camino juntos fue difícil, pero ella tenía fe en Dios y amaba entrañablemente a su marido.

Cuando Dios llamó a Abraham para que abandonara la casa de su padre en Ur, sorprendió a Sara, que nunca había conocido la vida fuera de su familia y amigos. Sin embargo, en lugar de bombardear a su marido con preguntas, confió en él y creyó en Dios, que le había hablado. Empacaron sus pertenencias y comenzaron un largo viaje hacia una tierra que nunca habían visto.

Tras muchos años intentando concebir, Sara ofreció su sierva a su marido, para que al menos pudiera tener un heredero. Sin embargo, esto no terminó bien. Agar, la sierva, menospreció a Sara cuando dio a luz un hijo a Abraham. Sara se amargó y clamó a Dios.

Incluso en sus momentos de duda, Sara nunca dejó de creer en Dios. Tenía casi noventa años cuando Dios cumplió su promesa. Envió ángeles a visitar a la pequeña familia, que le dijeron a Abraham que Sara pronto daría a luz un hijo. Sara se rio cuando escuchó. Pensó: «¿Cómo voy a dar a luz a un niño a esta edad?» A lo que los ángeles respondieron: «¿Hay algo difícil para el Señor?».

Fiel a su palabra, Dios le dio a Isaac, menos de un año después de la visita de los ángeles. En Génesis 17:19, Dios les pidió que llamaran al niño Isaac, mostrando gran sentido del humor:

> *«Entonces Dios dijo: "Sí, pero tu mujer Sara te dará a luz un hijo, y lo llamarás Isaac. Estableceré mi pacto con él como un pacto eterno para sus descendientes"».*

Isaac significa 'risa', y Sara rio cuando los ángeles la visitaron.

Cuando nació Isaac, en Génesis 21:6, Sara dijo al pueblo que el Señor la había hecho reír después de muchos años: *«Dios me ha hecho reír, y todo el que se entere de esto se reirá conmigo».* Él es realmente fiel.

La todopoderosa prueba de fe llegó después de muchos años del nacimiento: el sacrificio de su hijo prometido. Sara miró a su marido y vio su fe inquebrantable, así que dejó marchar al niño. Sara comprendió que la fe no siempre es fácil, y la fe es confiar en Dios, especialmente cuando no se comprenden sus caminos.

La Biblia dice en Isaías 55:8-9:

> *«Porque mis pensamientos no son los de ustedes, ni sus caminos son los míos afirma el Señor. Mis caminos y mis pensamientos son más altos que los de ustedes; ¡más altos que los cielos sobre la tierra!».*

En Jeremías 29:11, se asegura a los creyentes lo que pueden esperar de Dios y por qué deben mantenerse firmes en la fe.

> *«Porque yo sé muy bien los planes que tengo para ustedes afirma el Señor, planes de bienestar y no de calamidad, a fin de darles un futuro y una esperanza».*

Por eso, Sara se mantuvo firme en su fe. Hebreos 11:11 da testimonio de eso:

> *«Y por la fe, incluso Sara, que ya había pasado la edad de procrear, pudo tener hijos, porque era fiel al que había hecho la promesa».*

Como esposa, Sara hizo todo lo posible para mantener a Abraham. Cuidó de su hogar, cocinó y se aseguró de que sus sirvientes estuvieran bien alimentados y atendidos. Era la reina del reino de Abraham. La historia de Sara inspira a otros a confiar en Dios, por imposibles que parezcan las cosas, porque nada es demasiado difícil para el Señor.

Agar | Madre de los ismaelitas

Agar era la sirvienta de Sara y la madre de Ismael. Su historia comienza cuando se convirtió en sierva en la casa de Abraham y Sara. Tuvo que adaptarse a sus costumbres y servir fielmente a su amo y a su esposa.

La vida de Agar transcurrió sin dramas hasta que Sara se le acercó con una extraña propuesta. Sara le pidió que se acostara con su marido, Abraham, para que le diera un hijo. Agar se sorprendió ante la petición, pero como sierva, no tenía otra opción. Así, quedó embarazada del primer hijo de Abraham.

Este nuevo estatus la consumió y se volvió orgullosa. Olvidó su lugar y pronto fue desplazada. Sara se quejó de su actitud, y Abraham le dio vía libre a su mujer para hacer lo que quisiera. Cuando Agar no pudo soportar el castigo, huyó. Se encontró con un ángel en el desierto, que le aconsejó que regresara con su ama, Sara (Génesis 16:6-16).

Agar se encontró con un ángel que le aconsejó que regresara con su ama, Sara

El ángel le dijo que se sometiera a Sara y que Dios multiplicaría su descendencia. Le aseguró que Dios había visto sus lágrimas secretas y que la ayudaría, a ella y a su hijo. Su encuentro con Dios en el desierto la hizo tener fe en Él; obedeció su voz y regresó con Sara. Agar reconoció que Dios lo ve todo y lo llamó «el roi», el Dios que me ve.

Poco después de regresar con su ama, dio a luz al hijo a Abraham y lo llamó Ismael, como le había ordenado el Señor. Cuando nació Isaac, todo cambió de nuevo. Durante la gran fiesta que Abraham organizó para su hijo recién nacido, Sara sorprendió al hijo de Agar burlándose del niño y su ira estalló.

Sara exigió a Abraham que enviara lejos a Agar y a su hijo. Él dudó, hasta que Dios le pidió que escuchara a Sara y le aseguró que velaría por el niño. Después de todo, el hijo de la promesa era Isaac y no Ismael. Abraham empacó comida y agua para Agar y los despidió como se le había ordenado (Génesis 21:12-14).

Mientras el dúo vagaba por el desierto de Beerseba, se quedaron sin agua y Agar dejó al niño bajo un árbol, diciendo en su corazón: «No quiero verlo morir». Mientras ella lloraba, el niño también lloraba. Dios escuchó el llanto del niño y habló con Agar: Génesis 21:17-20:

> *«Dios oyó llorar al muchacho, y el ángel de Dios llamó a Agar desde el cielo y le dijo: "¿Qué te pasa, Agar? No temas; Dios ha oído llorar al muchacho que yace allí. Levanta al niño y tómalo de la mano, porque él hará una gran nación". Entonces, Dios le abrió los ojos y vio un pozo de agua. Fue y llenó el odre de agua y le dio de beber al niño. Dios estuvo con el niño mientras crecía. Vivió en el desierto y se convirtió en arquero».*

Agar crio a su hijo en el desierto, confiando en que Dios estaría con ellos toda su vida. Él había prometido que Ismael se convertiría en una gran nación, y ella se aferró a esa promesa. Aprendió a confiar en Dios y a creer en sus promesas, y no fue avergonzada.

Rebeca | La madre de Israel

Abraham no quería que su hijo, Isaac, se casara con nadie de los cananeos, donde vivían, porque no seguían los caminos de Dios. Así que llamó a su criado de confianza y le hizo jurar que volvería a su tierra natal, a casa de los parientes de Abraham, para encontrar una esposa para Isaac.

Rebeca fue una oración contestada para Isaac. El siervo enviado a buscar una esposa rezó a Dios para que lo guiara y le mostrara la mujer adecuada para el hijo de su amo mediante una señal. En su oración, le dijo a Dios que la mujer adecuada debía estar dispuesta a darle agua y ser amable y sacar también agua para sus camellos.

Mientras el siervo rezaba, Dios le envió a Rebeca. Ella hizo todo lo que él le había pedido a Dios, con una sonrisa en su rostro. El siervo quedó sorprendido por la rapidez con que Dios respondió a su oración, así que pidió reunirse con la familia de Rebeca que, guiada por el Espíritu Santo, no dudó en llevarlo a su casa. Ella había oído historias de cómo Dios guiaba a su pueblo y sabía que esto era obra de Dios.

Cuando el criado de Abraham le contó a la familia el propósito de su visita y cómo Dios lo había conducido hasta allí, Rebeca no lo dudó. Su familia quería que se quedara unos días más, pero cuando le preguntaron si se iría con el criado, ella dijo: «Me iré». Este fue un gran salto de fe, dejar todo lo que conocía y confiar en el plan de Dios para su vida.

Rebeca oyó una llamada de Dios y no la cuestionó ni la retrasó. Actuó de inmediato, confiando en que Dios sabía qué era lo mejor. La fe de Rebeca fue puesta a prueba cuando se convirtió en la esposa de Isaac. Fue estéril durante muchos años. La falta de hijos era vista como una maldición en aquellos días y traía gran vergüenza a una mujer. Sin embargo, Rebeca siguió confiando en Dios.

Tras veinte años de espera, Dios respondió a sus plegarias y concibió gemelos. Mientras estaba embarazada, hizo una oración para saber sobre los niños. Dios le dijo que en su vientre había dos naciones: la mayor serviría a la menor. Cuando llegó el momento de la bendición de sus hijos, Jacob y Esaú, Rebeca sabía que tenía un papel que desempeñar.

Recordó la promesa de Dios de que el hijo mayor, Esaú, serviría al hijo menor, Jacob. Así que dio un paso audaz para asegurarse de que Jacob recibiera la bendición. Algunos pueden pensar que fue engañosa, pero su corazón se alineó con la palabra de Dios, que había dicho que Jacob era el elegido. Sus acciones aseguraron que se cumpliera la voluntad de Dios. Génesis 27:6-30.

Su fe era proactiva. Estaba dispuesta a correr riesgos por el plan de Dios. Rebeca confiaba en Dios de todo corazón. Estaba dispuesta a saltos de fe, salir de su zona de confort y tomar decisiones difíciles para mantenerse alineada con el plan y el propósito de Dios.

Lía | La primogénita

Lía era la hija mayor de Labán, el tío de Jacob. Al llegar a la tierra de su madre, Jacob conoció a la hermana menor de Lía, Raquel, y aceptó trabajar para Labán durante siete años para casarse con ella. Sin embargo, Labán engañó a Jacob la noche de bodas. Le presentó a Lía en vez de a Raquel. El pueblo de Labán tenía la costumbre de que la hija menor no podía casarse antes que la mayor. Así pues, Jacob tenía una esposa a la que no amaba. Cuando descubrió que se había casado con Lía, se entristeció de que Labán no le hubiera hablado de su costumbre. Sin embargo, Lía era ahora su esposa y no podía cambiar eso.

Labán vio su celo por casarse con su segunda hija, Raquel, y pidió otros siete años de servicio a Jacob, que accedió de buen grado. Lía siempre supo que Jacob no la amaba, pero en lugar de renunciar a su matrimonio, se aferró y confió en que Dios la mantendría en la casa de su marido. Se negó a amargarse. Dios vio su corazón y vio que no era amada, por lo que abrió su vientre.

Mientras Raquel seguía siendo estéril, Lía había dado a Jacob seis hijos y una hija, Rubén, Simeón, Leví, Judá, Isacar, Zabulón y Dina (Génesis 29 y Génesis 30). Después de su cuarto hijo, rogó a Dios que le diera más hijos. Dios respondió a su oración (Génesis 30:17). El corazón de Jacob todavía estaba con Raquel, y ella aún no le había dado un hijo.

Dios hizo a Lía tan fructífera porque vio que tenía mucha fe en Él. Ella buscó que Él interviniera en su matrimonio, y Él la bendijo con muchos hijos. El Salmo 127:3 dice, *«Los hijos son una herencia del Señor, la descendencia una recompensa suya»*.

Cuando Lía dio a luz a su cuarto hijo, Judá, ya no se sentía rechazada. En lugar de ello, dijo: *«Esta vez alabaré al Señor»* (Génesis 29:35). Decidió centrarse en Dios y alabarlo por haber establecido su lugar en la casa de su marido. Lía demostró su fe en Dios, buscándolo y alabándolo a pesar del rechazo de su marido. Continuó cumpliendo con su papel de esposa y madre.

Lía no era la esposa preferida, pero Dios la honró de muchas maneras. Fue la madre de seis de los doce hijos de Jacob (las doce tribus de Israel), y su hijo, al que llamó Judá (alabanza), fue el antepasado del rey David, del linaje de Jesucristo. Ella encontró su valor y propósito en Dios. Su fidelidad a Él la condujo a un legado mucho mayor de lo que hubiera podido imaginar.

Lía dio a luz a Judá, que es antepasado de Jesús[6]

El amor a primera vista de Raquel | Jacob

Jacob sirvió a Labán durante catorce años para casarse con Raquel. Ella era muy favorecida (Génesis 29:17). Cuando Jacob llegó al pozo donde ella iba a sacar agua, apartó la piedra de la boca del pozo y la ayudó a abrevar las ovejas de su padre. Ella lo enamoró. Ver a una mujer cuidar ovejas era algo nuevo para él. Jacob se enamoró inmediatamente de ella, era evidente en cómo hablaba y la miraba.

Labán había puesto una condición: Jacob debía servirle durante siete años a cambio de la mano de Raquel. ¡Siete largos años! Sin embargo, eso no desanimó al joven. En lo que pareció un mes, los siete años habían terminado. Jacob estaba emocionado por recibir al amor de su vida. Génesis 29:20 dice:

«Así que Jacob sirvió siete años para conseguir a Raquel, pero a él le parecieron solo unos días, debido a su amor por ella».

Sin embargo, cuando llegó el momento del matrimonio, le dijeron a Raquel que diera un paso atrás y permitiera que su hermana Lía se casara con Jacob, debido a las costumbres de su pueblo. Imagine los sentimientos de Raquel, viendo que el hombre al que amaba se casaba con su hermana a causa de las costumbres, y sin poder advertirle de antemano. El corazón de Raquel se rompió, pero tuvo que escuchar a su padre. Ni ella ni su hermana tenían otra opción.

Jacob fue implacable. Aceptó trabajar otros siete años por ella, y Raquel no podía estar más contenta. Se sentía mal por su hermana, pero el amor de Jacob era fuerte. Tuvo que compartirlo con Lía cuando finalmente se convirtió en esposa de Jacob. Lía dio a luz muchos hijos de Jacob, uno tras otro, y Raquel se entristeció.

Se volvió hacia Dios y lloró día y noche, suplicándole que abriera su vientre, que la bendijera como había bendecido a su hermana. Dios se acordó de ella. Génesis 30:22 dice:

«*Entonces Dios se acordó de Raquel; la escuchó y le permitió concebir. Dio a luz a su primer hijo y le puso por nombre José, diciendo: "Que el Señor me añada otro hijo"*» (Génesis 30:24)

¡Y Dios le concedió el deseo de su corazón en Génesis 35:16-17! Dio a luz otro hijo para Jacob y lo llamó Benoni porque nació con trabajos forzados, pero Jacob le cambió el nombre por Benjamín.

La fe de Raquel en Dios se hizo evidente cuando esperó un hijo durante más de veinte años. Ella creía que Dios le daría hijos, por lo que nunca dejó de rezar y clamar a Él. Incluso después de que Dios la bendijo con su primer hijo, al que llamó José, que significa 'Dios dará'. Fue bendecida con otro antes de que sobreviniera la tragedia.

Paralelismos entre las luchas de estas mujeres y los retos a los que se enfrentan las mujeres de hoy en día.

Las historias de las mujeres del Génesis resuenan con muchos retos a los que se enfrentan las mujeres hoy en día. He aquí algunos paralelismos entre las luchas de estas mujeres y los retos actuales:

El profundo anhelo de Raquel y Sara de tener hijos refleja los retos emocionales y psicológicos a los que se enfrentan muchas mujeres hoy en día, especialmente cuando se enfrentan a la infertilidad o a los retrasos para formar una familia. Por otra parte, su lucha contra los celos era real. Muchas mujeres experimentan hoy el dolor de la infertilidad o de los retrasos para concebir, especialmente cuando se sienten presionadas por la sociedad para formar una familia.

Al igual que Eva, muchas mujeres de hoy se enfrentan a elecciones que pueden tener consecuencias desagradables, como cambios de carrera, relaciones y decisiones sobre la crianza de los hijos. El peso de estas decisiones conduce a la culpa, el arrepentimiento o la pérdida.

Tras tomar decisiones que alteran la vida, muchas mujeres desean la redención, el perdón y un nuevo comienzo, esforzándose por reconstruir y renovar sus vidas a través del crecimiento, la fe o los sistemas de apoyo.

Agar se convirtió en madre soltera. Hoy en día, a muchas mujeres les resulta familiar. Su historia refleja las luchas de muchas madres solteras de hoy en día, que se enfrentan al estigma social y a los retos de criar a los hijos sin pareja. Sin embargo, ella fue resistente y, como una verdadera sobreviviente, crio a su hijo en el desierto para que fuera fuerte y poderoso.

Al igual que la historia de las dos hermanas, Raquel y Lía, muchas mujeres modernas se ven atrapadas en un ciclo de comparación y competencia. Ya sea en el ámbito profesional, las relaciones, la maternidad o el aspecto físico, las mujeres de hoy se ven a menudo presionadas para estar a la altura de otras. Las redes sociales no ayudan para nada. La mayoría de las mujeres se sienten inadecuadas y envidian a las demás cuando ven el amor que reciben de sus fanáticos y seguidores. Esta competencia es la razón por la que no hay muchas relaciones auténticas entre mujeres.

Lecciones que aprender de las mujeres del Génesis

Estas historias bíblicas ofrecen lecciones intemporales que son relevantes hoy en día. He aquí algunas lecciones extraídas:

- Como Raquel y Sara, siga rezando y confiando en los tiempos de Dios, incluso cuando la vida no se desarrolle como esperaba. Aférrese a las promesas de Dios y permanezca fiel, incluso cuando se enfrente a dudas y retrasos.

- Aprenda de Eva que, aunque los errores tienen consecuencias, el perdón y la redención de Dios siempre están disponibles para quienes los buscan.

- Lía, en lugar de amargarse, se centró en Dios. Él puede convertirla en maravilla y darle un legado que dure generaciones. Isaías 60:22 dice: *«El más débil se multiplicará por miles, y el menor llegará a ser una nación poderosa. Yo soy el Señor; cuando llegue el momento, actuaré sin demora»*.

- Como reconoció Agar, recuerde que Dios la ve en sus luchas y provee sus necesidades, incluso cuando se sienta invisible. Él es fiel.

Diario de reflexión

Cree una entrada en su diario de fe en la que reflexione sobre un momento en el que su fe fue puesta a prueba. Escriba cómo puede inspirarse en las mujeres del Génesis para fortalecer su fe en situaciones similares.

Capítulo 3: Líderes valientes en el Éxodo

La Biblia tiene muchas historias de mujeres que demostraron valor a pesar de las adversidades. Algunas son conocidas, pero la mayoría no lo son. Las capacidades de estas mujeres sirvieron activamente, silenciosas y en segundo plano, para lograr que las cosas sucedieran. Algunas fueron incluso más valientes que los hombres, contribuyendo a cumplir el plan de Dios para los israelitas.

El libro del Éxodo recoge las historias de estas mujeres. Entre ellas están Jocabed, Miriam, Sifrá, Fuvá, y la hija del faraón. Este capítulo explora las vidas de estas valientes mujeres y cómo desafiaron las normas, asumieron riesgos e influyeron significativamente en el curso de los acontecimientos.

El libro del Éxodo recoge las historias de estas mujeres[7]

Puede que escuche estos nombres por primera vez, pero sus historias la inspirarán. Al final de este capítulo, habrá experimentado la fuerza y la determinación de las mujeres del Éxodo. ¿Está preparada para descubrir lo poderosa que es usted como mujer cuando decide ser valiente? Busque un lugar tranquilo. Es hora de estudiar.

Jocabed | El vientre profético (Éxodo 2)

Puede que su nombre no sea tan popular como el de sus hijos, pero nadie sabría del profeta Moisés y del sacerdote Aarón si no fuera por el sacrificio y la valentía de esta mujer. Jocabed era una mujer de gran valor y fe firme. Era levita y se casó con Amram (Éxodo 2:1).

Se casaron en Egipto durante el reinado de un nuevo Faraón, que no sabía nada de José y de cómo había ayudado a Egipto a convertirse en un lugar de abundancia. Este nuevo faraón vio que los hijos de Israel se multiplicaban y trató de convertirlos en esclavos, porque les tenía miedo.

Su miedo le hizo promulgar un decreto por el que todos los hijos varones recién nacidos de mujeres hebreas debían ser asesinados. Por desgracia, Jocabed era una mujer hebrea y quedó embarazada durante este período. Cuando dio a luz y vio que el bebé era un varón, sintió un gran temor.

Al mirar al niño, se dio cuenta de que no era corriente, así que hizo lo impensable. Se dio cuenta de que Dios tenía un plan para la vida de su hijo y eligió la fe sobre el miedo. Escondió al bebé del Faraón y sus secuaces durante tres meses. Lo trasladó con cuidado, lo alimentó y lo protegió con sabiduría, sabiendo las consecuencias de sus actos si la descubrían. Dios veló por ella y por su hijo.

Después del tercer mes, Jocabed se dio cuenta de que ya no podía esconderlo. Así que fabricó una cesta resistente y, con una fe capaz de mover montañas, puso a su bebé dentro de la cesta en el río Nilo. Utilizó cuidadosamente materiales que mantuvieran la cesta a flote. Después de rezar a Dios para que mantuviera a salvo a su hijo, se dio la vuelta y se alejó. Mateo 19:26:

> *«Jesús los miró y les dijo: "Para el hombre esto es imposible, pero para Dios todo es posible"».*

Como Dios quiso, el bebé flotó hasta la orilla del río, en los matorrales, donde la hija del faraón vino a bañarse. La princesa vio la cesta flotante y la abrió. El bebé lloró y ella sintió lástima por él. Mientras llevaba al niño, no sabía qué hacer con él, hasta que una niña corrió hacia ella y se ofreció a ayudarla a encontrar una nodriza.

La niña era la hermana mayor del bebé, aunque la princesa no lo sabía, y la nodriza que encontró era la madre. Jocabed no pudo contener su alegría al reunirse con su hijo bajo la atenta mirada de la princesa. Por fin tuvo la oportunidad de amamantar al bebé sin temor a que el faraón la matara. Nunca se expuso ante la princesa. Era conocida como la nodriza del bebé y no tenía problemas con ese título.

Criando al niño, Jocabed le enseñó los caminos del Señor. Ella le hizo saber que era un israelita, no un egipcio, a pesar de que era acicalado y tratado como un príncipe egipcio. El niño creció y se convirtió en un buen joven en el palacio egipcio, pero su corazón estaba con su pueblo, como su madre le había enseñado.

Este bebé era el profeta Moisés. El mismo Moisés que Dios utilizó para sacar a los israelitas de la esclavitud y la servidumbre en la tierra de Egipto, donde habían sufrido durante más de 430 años. El valor de Jocabed y su fe inquebrantable en Dios para abrir un camino donde parecía no haberlo la convirtieron en la madre de figuras influyentes de la Biblia (Miriam, Moisés y Aarón), que crecieron para ser profetas.

Su fe y su valor son la razón que permitieron a los israelitas saborear la libertad después de tantos siglos. Jocabed es un testimonio de cómo una mujer puede influir en muchas generaciones siendo valiente, teniendo coraje y fe en Dios.

Miriam | La profetisa (Éxodo 2)

La primogénita de Jocabed, Miriam, es otra figura influyente de la Biblia que muchos desconocen. A menudo se pasa por alto su papel en la liberación de Israel. Nació durante una época peligrosa en Egipto, cuando el faraón había decretado matar a todos los niños varones hebreos.

Dios, en su infinita sabiduría, hizo que naciera niña para que desempeñara su papel sin ser notada ni afectada por el decreto. Cuando nació su hermanito, Moisés, su madre, Jocabed, lo escondió durante tres meses. Miriam hizo todo lo que pudo para ayudar a su madre a proteger a Moisés. Cuidaba de él cuando su madre no podía.

Era ella quien avisaba a su madre cuando se acercaban oficiales o soldados, para que escondiera rápidamente al bebé. De niña, Miriam era eficiente como hermana mayor protectora. Al igual que su madre, tenía fe en que Moisés crecería y se convertiría en un gran hombre.

Decidida a mantener a salvo al niño, Miriam lo protegía con su vida.

Cuando su madre puso al bebé Moisés en una cesta y lo depositó en el río Nilo, los ojos de Miriam brillaron con lágrimas, pero endureció su corazón y confió en Dios, como su madre le había enseñado. Después de que su madre abandonó el río, Miriam permaneció cerca de la orilla, observando a su hermanito flotar en el río, como su ángel de la guarda.

Alerta y atenta, siguió el movimiento de la cesta con una valentía y una madurez inusuales para alguien de su edad. Observó cómo la princesa y sus doncellas llegaban al río y se escondió, sin perder de vista la cesta flotante. Para su sorpresa, la cesta llegó flotando hasta la princesa, que sacó a su hermano del río y de la cesta.

Miriam se acercó audazmente a la princesa y se ofreció dulcemente a ayudarla a encontrar una mujer hebrea que amamantara al bebé. La hija del faraón aceptó sin vacilar. Miriam corrió rápidamente a contarle a su madre el milagro de Dios. La joven reapareció en la orilla del río con su madre y una brillante sonrisa en el rostro. Estaba muy emocionada (Éxodo 2:4-9). Este acto salvó la vida de Moisés y permitió a Jocabed cuidar de su hijo durante sus primeros años. Ella aprovechó este tiempo para inculcar a Moisés la fe y la identidad de su herencia hebrea.

Cuando llegó a la edad adulta, Miriam era profetisa junto a sus hermanos Moisés y Aarón, que eran profeta y sacerdote, respectivamente. Tras la dramática huida de los israelitas de Egipto, cuando Dios dividió el Mar Rojo, permitiéndoles cruzar sanos y salvos, y luego ahogó al ejército egipcio que los perseguía, Miriam dirigió a las mujeres de Israel en un canto de victoria. Tomó un pandero en la mano y todas las mujeres la siguieron con panderetas y bailes. Miriam cantó:

«...Canten al Señor, que se ha coronado de triunfo arrojando al mar caballos y jinetes». (Éxodo 15:20-21).

Y esto complació al Señor.

Ya adulta, el papel de Miriam entre los israelitas se hizo más prominente. Se hace referencia a ella como profetisa, lo que indica su importancia espiritual y su liderazgo entre su pueblo (Éxodo 15:20). Este momento demostró su liderazgo y su profunda fe en Dios. Desempeñó un papel vital al animar y elevar el espíritu del pueblo mediante la adoración y la alabanza, celebrando la liberación y los actos poderosos de Dios.

Como todo ser humano, Miriam no era perfecta. Una vez, habló en contra de Moisés, diciendo:

«¿Acaso Yahveh ha hablado solo a través de Moisés? ¿No ha hablado también por medio de nosotros?» (Números 12:2).

Dios escuchó esto y se disgustó por el desafío a la autoridad de Moisés.

Miriam habló en contra de Moisés, pero Dios lo defendió, hablándole directamente[8]

Dios llamó a Moisés, Aarón y Miriam a la tienda del encuentro y descendió en una columna de neblina. Dios defendió a Moisés, diciendo que no se parecía a ningún profeta, porque hablaba con Él «cara a cara» (Números 12:8). Como castigo por sus acciones, Miriam fue contagiada de lepra, su piel se volvió «blanca como la nieve» (Números 12:10). Moisés intercedió por Miriam y Dios ordenó que la confinaran fuera de su campamento durante siete días, tras los cuales sanaría. Ella obedeció y fue curada. Fue una lección de humildad para Miriam que, a pesar de su momento de debilidad, siguió siendo una líder respetada entre los israelitas.

Sifrá y Fuvá | Las valientes comadronas (Éxodo 1)

Durante el decreto del faraón de matar a todos los niños varones de mujeres hebreas, Dios colocó estratégicamente a dos parteras hebreas en Egipto para salvar a algunos niños. Sifrá y Fuvá se enfrentaron a uno de los gobernantes más poderosos del mundo, que no tenía temor de Dios ni respeto por sus vidas.

El faraón temía que los israelitas se volvieran demasiado poderosos y se unieran a los enemigos de Egipto cuando estallara la guerra. Por eso, los obligó a realizar duros trabajos y los oprimió. Sin embargo, en lugar de reducirse, el número de israelitas creció. Se multiplicaron y se extendieron por todo Egipto.

Al darse cuenta de que su plan estaba fracasando, el faraón intentó otra estrategia. Se dedicó a derramar sangre inocente: la sangre de jóvenes infantes varones. Su objetivo era controlar la población de Israel para asegurarse de que no llegaran a ser tan poderosos como los egipcios. Para que su plan funcionara, convocó a las parteras que atendían a las mujeres hebreas, porque él no podía aparecer en el instante en que nacían los niños para matar a los varones.

Como Dios quería, las parteras a cargo eran Sifrá y Fuvá, mujeres temerosas de Dios. El faraón les dio una orden directa, que las puso en una posición peligrosa y difícil. Si obedecían al faraón, irían en contra de su conciencia y de la voluntad de Dios. Si desobedecían, se enfrentarían a un severo castigo, incluso la muerte. El temor de Dios ganó la batalla, porque como dice Proverbios 29:25

«El temor al hombre es una trampa, pero quien confía en el Señor se mantiene a salvo».

Sabían que la vida es sagrada y que solo Dios tiene derecho a darla y a quitarla, así que desobedecieron la orden del faraón. Arriesgaron sus vidas y su libertad para dejar vivir a los bebés, varones en lugar de matarlos. Fue una decisión valiente y arriesgada. Tuvieron fe y valor para enfrentarse a una autoridad poderosa, sabiendo que lo que hacían era lo correcto ante Dios.

Cuando el faraón se enteró de que el número de bebés nacidos aumentaba en lugar de disminuir, llamó a las mujeres a su palacio y las interrogó. Las mujeres le respondieron con sabiduría, explicándole que las esposas ya habían dado a luz a los bebés cuando llegaban a las casas hebreas. No podían hacer nada al respecto. El faraón les creyó.

Dios estaba complacido con Sifrá y Fuvá por su fe en Él y su valor para hacer lo correcto. Dios las bendijo, porque temían y eligieron preservar la vida. La Biblia dice que Dios trató bien a las parteras y, como le temían, les dio familias propias:

«Así que Dios fue bondadoso con las parteras y el pueblo aumentó y se hizo aún más numeroso. Y como las parteras temían a Dios, este les dio familias propias...» (Éxodo 1:20-21).

Dios ve los corazones de la gente y bendice a quienes defienden la verdad incluso cuando las probabilidades están en su contra.

La hija del faraón | Madre adoptiva de Moisés (Éxodo 2)

¿Sabía que la madre biológica de Moisés no le puso nombre? Aunque se reunió con su madre tras el drama del río Nilo, por el bien de ambos ella nunca le puso nombre, porque no era su hijo para el resto de Egipto.

La hija del faraón nombró a Moisés en Éxodo 2:10:

«Cuando el niño creció, se lo llevó a la hija del faraón, y se convirtió en su hijo. Ella le puso por nombre Moisés, diciendo: "Yo lo saqué del agua"».

Desde el momento en que la hija del faraón puso sus ojos en el pequeño que flotaba en una cesta en el río, se sintió responsable del niño.

Curiosamente, ella sabía que el niño era hebreo. También conocía el decreto que su padre, el faraón, había dictado sobre ellos:

«La abrió y vio al bebé. Estaba llorando y ella sintió pena por él. "Este es uno de los bebés hebreos", dijo ella». (Éxodo 2:6).

Sin embargo, la princesa no era despiadada como su padre.

La hija del faraón tomó al niño que lloraba de la cesta y lo consoló. Sintió mucha compasión por el bebé. Mientras lo atendía, arrullándolo y meciéndolo de un lado a otro, una niña corrió hacia ella. Sus doncellas intentaron detener a la niña, pero la hija del faraón les dijo que la dejaran pasar. La niña le dijo a la princesa que conocía a alguien que cuidaría bien del bebé. Era dolorosamente obvio que la princesa no tenía ni idea de qué hacer con el bebé mientras este lloraba.

La hija del faraón consintió y la niña desapareció, para luego reaparecer con una mujer de mediana edad y aspecto agradable. La princesa observó con los ojos muy abiertos cómo el bebé se tranquilizaba inmediatamente en cuanto la mujer lo tomaba en sus brazos. «Esta niña es una bendición, pensó».

Le dijo a la mujer que se llevara al niño con ella y lo cuidara, ofreciéndose a pagarle un sueldo por hacerlo. La mujer aceptó encantada. Éxodo 2:9:

«La hija del faraón le dijo: "Toma a este bebé y amamántalo por mí, y yo te pagaré". Así pues, la mujer cogió al bebé y lo amamantó».

Cuando el niño creció, su madre (la nodriza) se lo devolvió a la hija del faraón. Ella se alegró de lo mucho que había crecido. La princesa tomó al niño y lo llamó Moisés. A partir de ese momento, se convirtió en su hijo y fue criado como un príncipe en el palacio del faraón.

Rescatar a un niño hebreo era arriesgado, probablemente lo más arriesgado que la princesa había hecho. Pero de todos modos lo hizo. Su bondad y compasión alimentaron su valor para mantener al niño bajo el techo del faraón. El miedo a su padre y a su decreto eran menos importantes que su humanidad. Estaba decidida a hacer lo correcto. Sin saberlo, la hija del faraón se alineó con el propósito de Dios y se ganó un nombre como gran mujer en la Biblia.

Rescatar a un niño hebreo era arriesgado, probablemente lo más arriesgado que la princesa había hecho'

La historia de Moisés y la liberación de Israel no puede contarse sin mencionar a la bondadosa y valiente princesa. Fácilmente, ella podría haber ignorado la cesta flotante o darle el bebé a su padre cuando vio que era hebreo. De ahí que se convirtiera en una figura influyente en la intervención de la historia de Israel. Comprendió el propósito de Dios para este niño y estaba dispuesta a desempeñar su papel en él, aunque fuera en contra de su pueblo.

Lecciones que aprender de las valientes mujeres del Éxodo

Puede aprender muchas lecciones de Jocabed, Miriam, Sifrá, Fuvá y la hija del faraón. Estas mujeres actuaron con valentía en situaciones difíciles y escribieron sus nombres en las arenas del tiempo. Se convirtieron en íconos, mujeres conocidas por su valentía, su fe en Dios y su compasión por la humanidad.

La historia de Jocabed es una buena muestra del poder del amor y la fe de una madre. A pesar del miedo y el peligro que nublaban la tierra, Jocabed eligió proteger a su hijo. Escondió a Moisés durante tres meses, manteniéndolo valientemente a salvo, aunque sabía que sería severamente castigada si la descubrían.

Mostró más de su lado valiente cuando dejó al bebé en el río, porque no sabía lo que podía pasarle. De la historia de Jocabed se aprende que la valentía consiste en confiar en un plan superior, incluso cuando el futuro es incierto, y no en lanzarse de cabeza a una situación. Su fe en el plan de Dios para su hijo le dio la fuerza para dejarlo marchar. ¿Usted hubiera hecho lo mismo en su lugar?

La valiente hermana mayor, Miriam, asumió mucha responsabilidad a una edad temprana. Al ver cómo la cesta se alejaba flotando por la voluntad de su madre, se quedó vigilándola, a pesar de que ya no podía hacer mucho para ayudar a su hermano. No sabía nadar, así que no podía ir a buscar al bebé si la cesta se pinchaba y se hundía. A pesar de todo, lo vio partir.

La niña sabía algo que los adultos no sabían, y estaba allí para ello. Quería asegurarse de que no le pasara nada a su hermanito. Cuando la hija del faraón encontró la cesta y vio a Moisés dentro, Miriam aprovechó rápidamente la oportunidad. A veces, si las personas son tan perspicaces como Miriam, las oportunidades se detectan a una milla de distancia. Así es como pueden aprovecharse según la voluntad de Dios.

Miriam deja una enseñanza clara en su historia: el valor no tiene que ver con la edad o el tamaño; es estar dispuesto a dar un paso adelante y ayudar cuando las cosas no van tan bien como se esperaba. Significa estar vigilante, ser sabio y estar dispuesto a actuar, incluso cuando se tiene miedo o se está inseguro.

Las dos parteras hebreas temían al faraón, pero su temor a Dios era mayor. ¿Es usted una persona que teme a Dios? ¿Estaría dispuesta a ir en contra de las leyes si no se alinean con la voluntad de Dios? Suele ser más fácil decirlo que hacerlo, pero Sifrá y Fuvá demostraron que, con su valor, era factible. Desobedecieron descaradamente al faraón y utilizaron su sabiduría para eludir el castigo. Sus acciones podrían haberles costado todo, pero pusieron a Dios en primer lugar.

Mateo 6:33 dice:

«Más bien, busquen primeramente el reino de Dios y su justicia, y todas estas cosas les serán añadidas». Dios dejó vivir a esos niños y les dio familias. Juan 12:25 dice: *«El que ama su vida la perderá, mientras que el que odia su vida en este mundo la conservará para la vida eterna».*

Estas mujeres no amaban sus vidas. En su lugar, las dedicaron a asegurar que los niños hebreos nacieran y crecieran poderosos, sin importar el coste.

¿Y la hija del faraón? Era la hija del hombre que había ordenado matar a los bebés y, sin embargo, no tuvo miedo de mantener a uno bajo su techo. Acogió a Moisés en su casa y lo crio como a un hijo, aun sabiendo que iba en contra de la norma de su padre.

Valentía significa seguir a su corazón y ser amable, incluso cuando va en contra de lo que la gente espera de usted, como la hija del faraón, siempre que sea lo correcto a los ojos de Dios. Ser amable conduce a decisiones valientes, y la compasión es fortaleza.

El valor adopta muchas formas. Puede ver cómo se muestra maravillosamente en la vida de estas mujeres. Puede mostrarse a través de la fe, la responsabilidad, haciendo lo correcto o siendo compasivo.

Diario de reflexión

Escriba una carta a una de las mujeres del Éxodo que le inspire. Háblele de sus luchas y de cómo la ayudó su historia de valentía y resiliencia.

Capítulo 4: Rut y Ester: Lecciones de amor y compasión

El amor y la compasión son dos principios vitales de un buen cristiano. Es más, de una buena persona. El apóstol Pablo escribió un capítulo entero hablando sobre el amor, para recordar a los creyentes su gran importancia.

El amor y la compasión son dos principios vitales de un buen cristiano[10]

1 Corintios 13:1-13:

«Si hablo en lenguas de hombres o de ángeles, pero no tengo amor, solo soy un gong que resuena o un címbalo que retiñe. Si tengo el don de la profecía y puedo desentrañar todos los misterios y todo el conocimiento, y si tengo una fe capaz de mover montañas, pero no tengo amor, no soy nada. Si doy todo lo que poseo a los pobres y entrego mi cuerpo a las penurias para poder presumir, pero no tengo amor, no gano nada. El amor es paciente, el amor es bondadoso. No envidia, no presume, no es orgulloso. No deshonra a los demás, no es egoísta, no se enfada fácilmente, no guarda registro de los agravios. El amor no se deleita con el mal, sino que se regocija con la verdad. Siempre protege, siempre confía, siempre espera, siempre persevera. El amor nunca falla. Pero donde hay profecías, cesarán; donde hay lenguas, se aquietarán; donde hay conocimiento, pasará. Porque conocemos en parte y profetizamos en parte, pero cuando llega la plenitud, lo que es en parte desaparece. Cuando era niño, hablaba como un niño, pensaba como un niño, razonaba como un niño. Cuando me hice hombre, dejé atrás los modos de la infancia. Ahora solo vemos un reflejo, como en un espejo; entonces veremos cara a cara. Ahora conozco en parte; entonces conoceré plenamente, así como soy plenamente conocido. Y ahora quedan estos tres: fe, esperanza y amor. Pero el mayor de ellos es el amor».

Si su amor no se parece en nada al amor descrito anteriormente, tiene trabajo por hacer. Por suerte para usted, este capítulo le guía y le muestra cómo debería ser el amor.

Jesús enseñó sobre el amor durante su estancia en la tierra. En Juan 13:34 dijo:

«Este mandamiento nuevo les doy: que se amen los unos a los otros. Así como yo los he amado, también ustedes deben amarse los unos a los otros».

Mateo 22:34-40:

«Al oír que Jesús había hecho callar a los saduceos, los fariseos se reunieron. Uno de ellos, experto en la ley, lo puso a prueba con esta pregunta: "Maestro, ¿cuál es el mayor mandamiento de la Ley?". Jesús respondió "Amarás al Señor

tu Dios con todo tu corazón, con toda tu alma y con toda tu mente. Este es el primer y más grande mandamiento. Y el segundo es semejante: Ama a tu prójimo como a ti mismo. Toda la ley y los profetas penden de estos dos mandamientos"».

Este capítulo trata sobre amor, amor y más amor. Junto al tema del amor, está la compasión. Dios es un padre amoroso y compasivo. Miqueas 7:18 dice:

«¿Quién es un Dios como tú, que perdona el pecado y perdona la transgresión del resto de su heredad? No permaneces airado para siempre, sino que te deleitas en mostrar misericordia». En Juan 3:16, La Biblia afirma: *«Porque tanto amó Dios al mundo que dio a su hijo unigénito, para que todo el que crea en él no perezca, sino que tenga vida eterna».*

Dios es amor. Juan el Amado lo confirma en 1 Juan 4:7-12:

«Queridos amigos, amémonos unos a otros, porque el amor viene de Dios. Todo el que ama ha nacido de Dios y conoce a Dios. Quien no ama no conoce a Dios, porque Dios es amor. Así es como Dios mostró su amor entre nosotros: envió a su hijo unigénito al mundo para que viviéramos a través de él. Esto es amor: no que nosotros hayamos amado a Dios, sino que él nos amó y envió a su hijo, como sacrificio expiatorio de nuestros pecados. Queridos amigos, puesto que Dios nos amó así, nosotros también debemos amarnos los unos a los otros. Nadie ha visto jamás a Dios, pero si nos amamos unos a otros, Dios vive en nosotros, y su amor se realiza plenamente en nosotros».

Muchos personajes de La Biblia muestran amor y compasión. Este capítulo se centra en dos mujeres espectaculares del Antiguo Testamento, Rut y Ester. Sus historias llevan el amor y la compasión incrustados. Estas mujeres mostraron compasión, lealtad, valentía y, lo que es más importante, un amor desinteresado notable.

La historia de Rut

Durante un tiempo en Israel, el pueblo no tuvo rey. En su lugar, Dios levantó líderes, «jueces», para guiar al pueblo; esta época fue conocida como la «era de los jueces». El libro se sitúa entre el libro de Rut y el libro de Josué.

Cuando Josué murió, no había nadie que gobernara o dirigiera al pueblo como lo había hecho Moisés, lo que dio lugar a la necesidad de jueces en la tierra. Sin embargo, el pueblo de Israel tenía un problema. Eran fundamentalmente tercos y desobedientes. A veces, adoraban a otros dioses o hacían cosas totalmente contrarias a los mandatos de Dios.

Fueron en contra del pacto que Dios hizo con Abraham muchas veces, especialmente por su tendencia a idolatrar dioses creados por el hombre.

> *«Estableceré mi pacto como un pacto eterno entre tú y yo y tu descendencia después de ti por las generaciones venideras, para ser tu Dios y el Dios de tu descendencia después de ti»* (Génesis 17:7).

Debido a este comportamiento, Dios permitió situaciones difíciles, como el hambre y los ataques enemigos, a modo de castigo. Cuando el sufrimiento fue demasiado, el pueblo clamó a Dios. Él mostró misericordia, erigiendo a otro juez para salvarlos. Era un ciclo interminable.

Durante este tiempo, hubo una hambruna en la pequeña ciudad de Belén. Sí. La misma Belén donde nació Jesús. La gente sufría por la sequía y las cosechas morían, lo que significaba que no había comida para el pueblo. Un hombre de Belén, llamado Elimelec, se llevó a su familia a Moab, un país cercano, a causa de la hambruna. Huyó de la tierra que Dios dio a su pueblo porque el sufrimiento era demasiado.

Elimelec se llevó a su mujer, Noemí, y a sus dos hijos. Marcharse fue una decisión difícil, ya que Moab e Israel no estaban en términos amistosos, y a menudo la tensión crecía. Sin embargo, Elimelec creía que ir a un lugar donde pudieran encontrar comida, aunque fuera una tierra enemiga, sería mejor.

Por desgracia para la pequeña familia, sobrevino la tragedia. Elimelec murió poco después de que llegaran a Moab. Sus hijos, que tomaron esposas moabitas, murieron diez años después, dejando viudas a la esposa de Elimelec, Noemí, y a las esposas de sus hijos, Rut y Orfa. Después de quemar a su marido y a sus hijos, Noemí se enteró de que Dios se había acordado de Belén y de que el hambre había terminado. Así que se preparó para regresar a su tierra natal.

Noemí llamó a sus nueras y les aconsejó que fueran a casa de sus madres y buscaran nuevos maridos, ya que aún eran jóvenes. Fue un día emotivo para las mujeres. Lloraron amargamente. Las jóvenes le dijeron a su suegra que de buena gana irían con ella a cualquier parte.

Naomi intentó convencerles:

«Pero Noemí dijo: "¡Vuelvan a su casa, hijas mías! ¡Váyanse! Yo soy demasiado vieja para volver a casarme. Aun si abrigara esa esperanza, y esta misma noche me casara y llegara a tener hijos, ¿los esperarían ustedes hasta que crecieran? ¿Y por ellos se quedarían sin casarse? ¡No, hijas mías! Mi amargura es mayor que la de ustedes; ¡la mano del Señor se ha levantado contra mí!». (Rut 1:11-13).

Rut se dedicó a cuidar de la madre de su difunto marido[11]

Orfa vio sentido en las palabras de Noemí y regresó a casa de su madre. Besó a Noemí, recogió sus pertenencias y se marchó. Por otro lado, Rut no estaba dispuesta a dejar marchar a su suegra. Noemí la miró y le dijo: *«Mira, dijo Noemí, tu cuñada vuelve con su pueblo y sus dioses. Vuelve con ella».* Pero Rut no cedió.

Se lo dijo a Noemí en Rut 1:16-17:

«No me insistas en que te deje o me aleje de ti. Donde tú vayas yo iré, y donde tú te quedes yo me quedaré. Tu pueblo será mi pueblo y tu Dios mi Dios. Donde tú mueras yo moriré, y allí seré enterrada. Que el Señor me trate, aunque sea severamente, si hasta la muerte nos separa a ti y a mí».

Noemí se dio cuenta de que Rut estaba decidida a viajar con ella y se sintió profundamente conmovida. Dejó de insistir a Rut para que se marchara y regresaron juntas a Belén.

Ruth se dedicó a cuidar de la madre de su difunto marido. La mujer era ya anciana y podía hacer muy poco por sí misma. Hizo el voto de seguir a Noemí hasta los confines de la tierra, y lo decía en serio.

Mientras estaban en Belén, Rut fue a los campos a recoger el grano sobrante para ella y su suegra. Con la bendición de Noemí, se puso en camino y se encontró en un campo que pertenecía a uno de los parientes lejanos del difunto Elimelec. El dueño del campo, Booz, vino a saludar a los segadores, y Rut le llamó la atención. No era una cara conocida, pero tenía un rostro hermoso, y Booz no pudo evitar preguntar por ella al capataz de sus segadores.

El capataz le contó que Rut había llegado al campo y pedido humildemente recoger los granos sobrantes mientras los segadores hacían su trabajo. Ella trabajó incansablemente. El capataz le habló de su bondad hacia su suegra, a la que había seguido desde Moab a una tierra extranjera.

Después de conocer la historia de Rut, Booz la llamó y le dijo que podía trabajar en su campo permanentemente. Ordenó a los hombres que no la tocaran y le proporcionó todo lo que necesitaba para estar cómoda. Rut se sorprendió de esta amabilidad, ya que apenas la conocía. Booz sonrió y le dijo que había oído sus problemas y su amabilidad con Noemí y le aseguró que estaría a salvo con él (Rut 2:8-11).

Booz la llamó a comer con los segadores a la hora de la cena y le ofreció comida. Ella comió hasta quedar satisfecha, e incluso obtuvo algo para llevar a casa a Noemí. Cuando salió del campo, Booz se aseguró de que Rut tuviera grano más que suficiente para llevar a casa.

Rut 2:15-18:

> *«Después, cuando ella se levantó a recoger espigas, él dio estas órdenes a sus criados: Aun cuando saque espigas de las gavillas mismas, no la hagan pasar vergüenza. Más bien, dejen caer algunas espigas de los manojos para que ella las recoja, ¡y no la reprendan! Así que Rut recogió espigas en el campo hasta el atardecer. Luego desgranó la cebada que había recogido, la cual pesó más de veinte kilos. La cargó de vuelta al pueblo, y su suegra vio cuánto traía. Además, Rut le*

entregó a su suegra lo que le había quedado después de haber comido hasta quedar satisfecha».

Noemí no podía creer lo que veían sus ojos cuando vio a Rut de vuelta a casa. La joven le contó todo lo ocurrido entre ella y Booz en el campo. Noemí le aconsejó que siguiera trabajando en su campo, porque era evidente que él la apreciaba.

Tras enterarse de que Booz era un pariente que podía reclamar su propiedad, Noemí ideó un plan. Siguiendo las indicaciones de ella, Rut se acercó a Booz, pidiéndole humildemente que extendiera su manto sobre ella como símbolo de protección y redención. Booz, conmovido por su petición, accedió, pero había un pariente más cercano que tenía el primer derecho. No queriendo perder su oportunidad, Booz acudió rápidamente a la puerta del pueblo al día siguiente para presentar su caso: Booz fue liberado para actuar como pariente-redentor de Noemí y Rut.

Booz declaró su intención de reclamar la tierra de Noemí y casarse con Rut. Los ancianos y el pueblo bendijeron la unión, diciendo:

> *«Que el Señor haga que la mujer que va a entrar en tu casa sea como Raquel y Lía, que juntas edificaron la casa de Israel»* (Rut 4:11).

Booz y Rut se casaron, y Dios los bendijo con un hijo, Obed. Una vez, llena de amargura y desesperación, Noemí sostuvo a su nieto en brazos, con lo que recuperó la alegría y la esperanza. Las mujeres del pueblo celebraron con ella, diciendo:

> *«Alabado sea el Señor, que hoy no te ha dejado sin guardián-redentor. ¡Que se haga famoso en todo Israel! Él renovará tu vida y te sostendrá en tu vejez. Porque tu nuera, que te ama y que es para ti mejor que siete hijos, lo ha dado a luz».* (Rut 4:14-15).

Obed se convirtió en abuelo del rey David, vinculando a Rut, una mujer moabita, con el linaje del mayor rey de Israel y salvador del mundo, Jesucristo.

La historia de la reina Ester

En una época, el pueblo judío vivía bajo el dominio persa, exiliado de su patria. El rey Jerjes, que no sabía nada del pueblo judío, gobernaba el Imperio persa. Los israelitas no eran numerosos, y estaban rodeados de gente que no entendía ni respetaba su fe.

Aunque vivían y trabajaban en el Imperio, siempre corrían el riesgo de ser perseguidos. Un alto funcionario de la corte del rey Jerjes, Amán, desarrolló un odio hacia el pueblo judío que hizo que vivieran atemorizados.

El odio de Amán era personal. Se encontró con Mardoqueo en la puerta, un judío que se negó a inclinarse ante él. En su ira, Amán conspiró para matar a todos los judíos del Imperio, convenciendo al rey Jerjes de que emitiera un decreto para que los mataran (Ester 3:8-11).

Mientras nacía la enemistad entre Amán y Mardoqueo, otro drama se desarrollaba en palacio. El rey Jerjes echó a su esposa, la reina Vasti, debido a su actitud, dejando un vacío en palacio y la necesidad de una nueva reina. Los sirvientes del rey le sugirieron que les permitiera buscar en el reino jóvenes vírgenes. El Rey accedió y comenzó la búsqueda.

Mardoqueo era el tío de la huérfana judía Ester. En cuanto se enteró de la petición del rey, la reclutó. Era muy hermosa, y Mardoqueo no dudaba de que sería seleccionada.

Cuando fue presentada al rey, Ester encontró gracia en sus ojos, y él la eligió para ser su nueva reina[19]

Cuando Ester llegó al palacio para ser elegida, encontró el favor de Hegai, el guardián de las mujeres. Él le dio aceites especiales y todo lo que necesitaba para ganarse el corazón del rey rápidamente. Cuando fue presentada al Rey, Ester encontró gracia en sus ojos, y él la eligió para ser su nueva reina. El estatus de Ester cambió de la noche a la mañana: de niña judía huérfana a nueva reina del Imperio persa. (Ester 2:7-17). El ascenso de Ester a reina formaba parte de un plan divino. Mardoqueo, que había cuidado de Ester, le ordenó que no revelara su identidad judía (Ester 2:10).

Una vez, Mardoqueo oyó por casualidad a la gente tramar el asesinato del rey y se lo contó a Ester. Ella informó rápidamente al rey, que investigó y se enteró de que, en efecto, había planes para asesinarlo. El rey Jerjes mandó ahorcar a los sospechosos y el nombre de Mardoqueo fue escrito en el *Libro de las crónicas* del rey (Ester 2:21-23).

Ester era la reina, así que Mardoqueo discutió con ella el problema de los judíos, en particular el papel de Amán. Cuando Mardoqueo se enteró del plan de Amán para destruir a los judíos, rasgó sus vestiduras y se vistió de cilicio y ceniza, de luto por su pueblo (Ester 4:1).

Envió un mensaje a Ester, instándola a que fuera a ver al rey y le pidiera clemencia en nombre de su pueblo. Parecía una petición sencilla. Sin embargo, según la ley persa, cualquiera que se acercara al rey sin ser convocado podía ser condenado a muerte, a menos que él le extendiera su cetro de oro (Ester 4:11).

Ester estaba decidida a liberar a su pueblo, a pesar de las posibles consecuencias de sus actos. Pidió a Mardoqueo y a todos los judíos de Susa que ayunaran durante tres días y tres noches en su nombre, diciendo: *«Iré al rey, aunque sea contra la ley. Y si perezco, perezco»* (Ester 4:16). La joven reina estaba dispuesta a dar la vida por su pueblo voluntariamente. Confiaba en que Dios estaría con ella cuando se presentara ante el rey.

Tras ayunar y rezar, acudió al rey. Como alguien hechizado, en el momento en que el rey posó sus ojos en ella, extendió su cetro de oro, perdonándole la vida (Ester 5:1-2). En lugar de suplicar inmediatamente por su pueblo, fue sabia. Ester invitó al rey Jerjes y a Amán a un banquete que ella había preparado. En el banquete, su marido le pidió que exigiera cualquier cosa. Ella solo pidió que asistieran a otro banquete (Ester 5:4-8).

Este retraso fue un movimiento estratégico. Ester fue sabia, esperó el momento oportuno para revelar el complot de Amán. Esa noche, el rey no podía dormir y ordenó que le leyeran el *Libro de las crónicas*. Se enteró del acto de Mardoqueo para salvarle la vida y se dio cuenta de que no había recibido una recompensa (Ester 6:1-3). El rey llamó a Amán e hizo que honrara a Mardoqueo, el hombre al que despreciaba, conduciéndolo por la ciudad en el caballo del rey, diciendo: *«¡Esto es lo que se hace por el hombre al que el rey se complace en honrar!».* (Ester 6:6-11).

En el segundo banquete, Ester reveló su identidad judía y puso al descubierto el malvado plan de Amán para matar a su pueblo. Volviéndose hacia su marido, le dijo

> *«Si he encontrado el favor de usted, su majestad, y si le complace, concédame la vida: esta es mi petición. Y perdone a mi pueblo: esta es mi petición. Porque mi pueblo y yo hemos sido vendidos para ser destruidos, asesinados y aniquilados. Si solo nos hubieran vendido como esclavos y esclavas, me habría callado, porque tal angustia no justificaría molestar al rey».* (Ester 7:3-4).

El rey Jerjes estaba conmocionado y enfurecido de que alguien se atreviera a hacer algo así. Preguntó a Ester quién era el desgraciado y ella señaló a Amán (Ester 7:5-6).

Ester y Mardoqueo formaban parte del plan mayor de Dios para proteger y librar al pueblo judío de la destrucción. Después de que Ester reveló el complot de Amán, el rey Jerjes ordenó que colgaran a Amán de la horca que había preparado para Mardoqueo (Ester 7:9-10). El rey promulgó un nuevo decreto que permitía a los judíos defenderse de sus enemigos (Ester 8:11). El día en que los enemigos esperaban dominar a los judíos, la situación se dio vuelta. Los judíos se impusieron ante quienes los odiaban (Ester 9:1).

Cuando el asunto con Amán se calmó, el tío de Ester, Mardoqueo, fue elevado a una posición de alto honor, y el pueblo judío se salvó de sus enemigos. Celebraron la fiesta de Purim para festejar su liberación (Ester 9:20-22).

Lecciones para la actualidad

El voto de Rut a Noemí demuestra su profundo amor y compasión por su suegra. Estaba dispuesta a dejarlo todo para apoyar a Noemí cuando ella lo necesitaba, lo que fue un acto increíblemente desinteresado. Al igual que Rut, Ester también fue desinteresada. Arriesgó su vida para salvar a su pueblo de la destrucción. Su amor por su pueblo era mayor que su miedo a la muerte. El verdadero amor es sacrificado y trasciende las meras palabras. Se expresa con acciones. Es fácil si sus sentimientos son auténticos. Debe estar dispuesta a anteponer las necesidades de los demás a las suyas.

Rut, como viuda moabita, tenía todo el derecho a regresar a su pueblo y empezar una nueva vida tras la muerte de su marido. Sin embargo, eligió viajar con Noemí a una tierra de la que no sabía nada y vivir entre gente que nunca había visto. Rut era realmente una mujer de fe. Ester dijo: «*Si perezco, perezco...*» con un corazón decidido a liberar a su pueblo. Era una mujer de gran fe. La fe en Dios es la forma más rápida de obtener la victoria sobre una situación. 1 Juan 5:14 dice: «*Porque todo el que ha nacido de Dios vence al mundo. Esta es la victoria que ha vencido al mundo: nuestra fe*».

Rut y Esther eran empáticas. Su compasión por los demás las condujo a la elevación. Las personas empáticas no solo sienten por los demás, también actúan en su nombre.

Un líder no es una persona ruidosa y odiosa. No. Un líder es alguien con fuerza tranquila, buenas intenciones, capacidad de pensamiento estratégico, valentía y sabiduría. Rut y Ester fueron líderes que conquistaron todo con amor y compasión.

Diario de reflexión

Cree una entrada en su diario con una lista de actos de bondad para los próximos tres días. Comprométase a realizarlos, anótelos y haga un seguimiento de cómo se siente.

Capítulo 5: Lecciones espirituales de los Salmos

¿Qué le viene a la mente cuando oye la palabra salmos? ¿Una canción? ¿El rey David? Si ha pensado en estas cosas, tiene una buena idea de lo que es un salmo. Sin embargo, un salmo puede ser un himno, un poema, una oración o una canción.

El libro de los Salmos comprende muchos cantos y oraciones que animan a la gente a alabar a Dios[18]

Muchos compositores se inspiran hoy en día para sus canciones en el libro de los Salmos. Sí. Hay todo un libro lleno de salmos. La mayoría de los capítulos del libro fueron escritos por un hombre que tenía en su corazón de Dios, el rey David. Se compartieron muchos secretos, se desvelaron misterios y se contaron profecías. El libro de los Salmos es altamente espiritual. En Colosenses 3:16, Pablo habla a los creyentes:

«Que habite en ustedes la palabra de Cristo con toda su riqueza: instrúyanse y aconséjense unos a otros con toda sabiduría; canten salmos, himnos y canciones espirituales a Dios, con gratitud de corazón».

¿Busca palabras de sabiduría? No se decepcionará. ¿Busca instrucciones? Los salmos tienen muchas. ¿Busca canciones únicas para alabar y adorar a Dios? Siéntese con el libro de los Salmos.

El libro de los Salmos comprende muchas canciones y oraciones que animan a la gente a alabar a Dios. Habla de la grandeza de Dios y de las cosas maravillosas que ha hecho. Los salmos hablan de la fidelidad de Dios, especialmente en tiempos difíciles. El libro recuerda al pueblo de Dios que su palabra debe estar en el centro de sus vidas.

Este capítulo rompe con el estudio de los personajes bíblicos y explora las ricas percepciones espirituales del libro de los Salmos. Perspectivas que le guiarán para construir unos cimientos espirituales fuertes y resistentes.

El Libro de los Salmos es uno de los libros más apreciados de La Biblia. A menudo se hace referencia a él como el «corazón de La Biblia». El libro es una colección de canciones, oraciones e himnos escritos por varios autores ungidos por Dios. Probablemente no lo sabía antes: uno de los escritores más populares es el rey David. Otros escritores son Moisés y Asaf, los descendientes de Coré, el rey Salomón, y Etán y Hemán, los ezraítas.

Este capítulo pretende inspirar a las mujeres a profundizar en su relación con Dios a través de la sabiduría, la oración y la alabanza que encierran los salmos. A medida que lea, encontrará formas prácticas de aplicar las enseñanzas de los salmos a su vida diaria para crecer y fortalecerse espiritualmente.

El significado de los Salmos

A lo largo de los Salmos, hay una imagen clara de cómo Dios guía amorosamente a su pueblo, mostrándole siempre el camino correcto.

Los escritores de estos cantos estaban siempre dispuestos a alabar y adorar a Dios. Cada página del libro de los Salmos está impregnada de un fuerte amor y devoción a Dios, y hay muchos momentos en los que expresan su profunda confianza y alegría en él.

Titulado inicialmente Tehillim, que significa «cantos de alabanza» en hebreo, el libro expresa una amplia gama de emociones humanas y experiencias espirituales. Se compone de 150 salmos. Se atribuye al rey David la escritura de muchos de ellos. Los salmos ocupan un lugar especial en el corazón de los creyentes. Personas de todas las culturas y épocas han aprendido a hablar eficazmente el lenguaje de la oración y la adoración a través de su comunión con el libro de los Salmos. Ha demostrado ser una fuente de consuelo, guía y fortaleza para las personas que buscan una relación más estrecha con Dios.

Todos los aspectos de la vida humana, desde la alegría y la alabanza hasta la desesperación y el arrepentimiento, son profundamente relevantes para el desarrollo espiritual personal. Como dice el Salmo 119:105: «Lámpara es a mis pies tu palabra, y lumbrera a mi camino». Los Salmos ofrecen perspicacia y dirección para ayudar a los creyentes a navegar por esta cosa complicada llamada vida y los retos que conlleva, y presentan una oportunidad para el crecimiento espiritual.

Temas clave en los Salmos

Confiar en Dios

Un tema destacado del libro de los Salmos es la confianza en Dios. Encontrar más paz en la vida, reducir el estrés, especialmente como mujer, y confiar plenamente en Dios son las cosas más importantes que puede hacer. Confiar en las personas puede ser difícil porque a menudo decepcionan. El Salmo 146:3 dice: «*No pongas tu confianza en príncipes, en seres humanos, que no te pueden salvar*».

El mundo está lleno de incertidumbres y desafíos, por lo que es difícil confiar en él en busca de consuelo o seguridad. Sin embargo, con Dios, es como estar acostado en la bolsa de la madre como un bebé canguro. Se está protegido y a salvo. A lo largo de La Biblia, Dios pide repetidamente a los creyentes que pongan su confianza sólo en Él. Dato curioso: no se trata sólo de una sugerencia. Este mandamiento proviene del profundo deseo de Dios por su bienestar. Él quiere asegurarse de que usted esté bien.

Confiar en Dios es una sabia decisión. Se sentirá mucho más cerca de Él, lo que da fuerzas para afrontar lo que se presente. Las dudas son normales, pero su nueva normalidad puede ser saber que Dios comprende su naturaleza, su lucha contra el miedo y la preocupación por el futuro, y confiar en él en su lugar.

Hay un mensaje recurrente a lo largo de los Salmos: siempre que se sienta abrumada por el estrés, recuerde recurrir a Dios y confiar en su plan para usted. su naturaleza inmutable y su amor inquebrantable hacen de Él el más digno de confianza. El Salmo 56:3-4 dice: «*Cuando tengo miedo, pongo mi confianza en ti. En Dios, cuya palabra alabo: en Dios confío y no tengo miedo. ¿Qué pueden hacerme los simples mortales?*». Cuanto más lea su palabra, especialmente los Salmos, encontrará consuelo al saber que Dios está siempre con usted, guiándole y amándole incondicionalmente.

A efectos de estudio, aquí tiene 10 salmos que demuestran que puede confiar plenamente en Dios. Puede leerlos siempre que sienta que su fe vacila.

- Salmo 11
- Salmo 16
- Salmo 23
- Salmo 27
- Salmo 62
- Salmo 63
- Salmo 91
- Salmo 121
- Salmo 125
- Salmo 131

Adoración

Muchas expresiones de alabanza y adoración a Dios hablan de su grandeza, misericordia y poder en los Salmos. Contienen poemas y oraciones que promueven la adoración a Dios en cualquier circunstancia, ya sea que se sienta exultante o agobiada por la tristeza. La adoración consiste en abrir el corazón a Dios y reconocer su majestad y gloria.

La Biblia se refiere a menudo a Dios como un pastor que cuida de sus ovejas. En la adoración, usted reconoce su lugar ante Dios: la oveja de su prado. El Salmo 100:3 dice: *«Reconozcan que el Señor es Dios; él nos hizo, y somos suyos. Somos su pueblo, ovejas de su prado».*

La Biblia se refiere a menudo a Dios como un pastor que cuida de sus ovejas[14]

Usted es su creación. Depender de su amor y provisión no es un crimen. Él espera que usted viva. Como hijo de Dios, usted no puede existir plenamente fuera de Él. Hechos 17:28:

«Porque en Él vivimos, nos movemos y tenemos nuestro ser. Como algunos de sus poetas han dicho: somos su descendencia».

El acto de adoración en los Salmos es profundamente personal. Los Salmos le instan a presentarse ante Dios con el corazón abierto, ofreciéndole alabanzas y todo su ser: sus alegrías, penas, miedos y esperanzas. La adoración es una forma de vida, no algo que se hace en el edificio de una iglesia o durante un servicio de culto. En el Salmo 34:1, David declara: *«Bendeciré al Señor en todo momento; su alabanza estará continuamente en mi boca».*

Debe comprender que la verdadera adoración va más allá de cantar. Implica obedecer los mandamientos de Dios y vivir una vida que refleje su carácter. La adoración consiste en alinear su vida con la voluntad de Dios. En la adoración, Dios siempre aprovecha la oportunidad para transformar a sus amados de adentro hacia afuera, de modo que usted se sienta diferente después de adorar a Dios.

En el mundo actual, la adoración le ayuda a centrarse en Dios, especialmente en momentos de problemas o incertidumbre. Al adorarlo, experimentará más profundamente su presencia y su paz. Si aún no lo ha hecho, cultive hoy una vida de adoración. Se alegrará de haberlo hecho. Aquí tiene capítulos que le ayudarán a empezar:

- Salmo 8
- Salmo 19
- Salmo 29
- Salmo 33
- Salmo 47
- Salmo 66
- Salmo 95
- Salmo 96
- Salmo 100
- Salmo 150

Arrepentimiento

En el libro de los Salmos, se encontrará con personas que se arrepienten sinceramente de sus errores, piden el perdón de Dios y buscan su ayuda. Sus encuentros con Dios a menudo conducen a un arrepentimiento genuino. A través de sus palabras, usted comprende lo que significa tener un corazón plenamente comprometido con Dios y un profundo amor por Él.

El arrepentimiento consiste en volverse a Dios con un corazón humilde y buscar su perdón. Como cristianos, reconocer nuestros errores cuando erramos y pedir a Dios un nuevo comienzo es esencial. Es fácil desviarse del camino y tomar decisiones que no se ajustan a la voluntad de Dios. Afortunadamente, lo hermoso de Dios es que siempre está dispuesto a perdonar y a acoger de nuevo a sus amados cuando acuden a Él con un corazón sincero.

No se puede pasar por alto el tema del arrepentimiento en los Salmos. Está por todo el libro. El rey David se aseguró de ello. Los Salmos le muestran que el arrepentimiento implica apartarse conscientemente del pecado y caminar en una nueva dirección. El rey David reza en el Salmo 51:10: «*Crea en mí, oh Dios, un corazón puro, y renueva un espíritu firme dentro de mí*». Sabía que podía confiar en

Dios para que lo ayudaría a servirle mejor.

En el libro de los Salmos, los escritores confiesan abiertamente sus pecados y buscan el perdón de Dios. Arrepentirse es ser sincera con Dios. Puede engañar a la gente que le rodea, y a veces, incluso a usted misma, pero nunca podrá engañar a Dios. Él le conoce mejor de lo que usted se conoce a sí misma. El verdadero arrepentimiento empieza por reconocer el mal que ha hecho.

El Salmo 32:5 dice:

«Entonces reconocí mi pecado y no encubrí mi iniquidad. Dije: 'Confesaré mis transgresiones al Señor'. Y tú perdonaste la culpa de mi pecado». 1 Juan 1:8-9, *«Si pretendemos estar libres de pecado, nos engañamos a nosotros mismos y la verdad no está en nosotros. Si confesamos nuestros pecados, Él es fiel y justo y nos los perdonará y nos purificará de toda maldad».*

Usted no puede vivir una vida perfecta por su cuenta. Siempre necesitará la ayuda de Dios para caminar en la rectitud. El arrepentimiento es una forma de mostrarle a Dios que usted depende de Él para obtener gracia y fortaleza. El amor de Dios es más grande que sus fracasos, y su misericordia siempre está disponible cuando se vuelve a Él con un corazón arrepentido.

- Salmo 6
- Salmo 25
- Salmo 32
- Salmo 38
- Salmo 51
- Salmo 102
- Salmo 103
- Salmo 130
- Salmo 143
- Salmo 139

Buscar la guía de Dios

La vida está cargada de muchos momentos de incertidumbre, con opciones abrumadoras que le confunden sobre su siguiente línea de acción. Necesita la orientación de Dios. Los Salmos contienen oraciones que actúan como líneas directas de Dios cuando usted necesita

orientación. El Salmo 25:4-5 dice

«Muéstrame tus caminos, Señor, enséñame tus sendas. Guíame en tu verdad y enséñame, porque tú eres Dios, mi Salvador, y mi esperanza está en ti todo el día».

¿Por qué necesita la guía de Dios? Usted no se creó a sí misma. Es fácil que cometa errores o que elija un camino alejado de su voluntad. La Biblia dice en Proverbios 14:12: *«Hay un camino que parece recto, pero al final conduce a la muerte».*

En Isaías 48:21, La Biblia también habla de cómo Dios hace lo imposible por su pueblo cuando lo guía:

«No tuvieron sed cuando los condujo por los desiertos; hizo brotar para ellos agua de la roca; partió la roca y brotó agua».

¿Quién no querría ser guiado por un Dios así?

«Hizo brotar para ellos agua de la roca»[15]

Buscar la guía de Dios es esencial. Cuando deja espacio para la guía de Dios, Él dirige sus pasos. Lo prometió en Salmos 32:8:

«Te instruiré y te enseñaré el camino que debes seguir; te aconsejaré con mi mirada amorosa puesta en ti».

Dios siempre está dispuesto a guiarle. Tenga en cuenta que no tiene que esperar a estar perdida para pedir su guía. Él quiere estar involucrado en cada decisión que tome, grande o pequeña. Haga de la búsqueda diaria de su guía un hábito, y verá cómo su vida se alinea con su voluntad.

- Salmo 5
- Salmo 16
- Salmo 23
- Salmo 25
- Salmo 32
- Salmo 48
- Salmo 73
- Salmo 143
- Salmo 139

Salmos que ofrecen sabiduría y aliento

Salmos de sabiduría

- Salmo 1
- Salmo 14
- Salmo 37
- Salmo 73
- Salmo 91
- Salmo 112
- Salmo 119
- Salmo 128

Salmos de aliento

A veces, puede sentir que nadie entiende por lo que está pasando. Puede que se abra a un amigo o a un ser querido, esperando que sus consejos le ayuden. Dios le entiende mejor que nadie. Él dispuso los Salmos para animarle siempre que se sienta excluida o abandonada.

He aquí 20 versículos de aliento de los Salmos:

- **Salmo 37:3-4, 7:** «*Confía en el Señor y haz el bien; habita en la tierra y disfruta de pastos seguros. Deléitate en el Señor, y él te concederá los deseos de tu corazón. ...Quédate quieto ante el Señor y espérale pacientemente; no te inquietes cuando la gente tenga éxito en sus caminos al llevar a cabo sus malvados* *planes»*.

- **Salmo 121:1-2:** *«Alzo mis ojos a los montes: ¿de dónde viene mi socorro? Mi ayuda viene del Señor, el Hacedor del cielo y de la tierra».*

- **Salmo 23:4:** *«Aunque camine por el valle más oscuro, no temeré mal alguno, porque tú estás conmigo; tu vara y tu cayado me confortan».*

- **Salmo 27:1:** *«El Señor es mi luz y mi salvación: ¿a quién temeré? El Señor es el baluarte de mi vida: ¿a quién temeré?».*

- **Salmo 28:7:** *«El Señor es mi fuerza y mi escudo; en Él confía mi corazón y Él me ayuda. Mi corazón salta de alegría, y con mi canto lo alabo».*

- **Salmo 31:24:** *«Cobren ánimo y ármense de valor, todos los que en el Señor esperan».*

- **Salmo 34:4:** *«Busqué al Señor, y me respondió; me libró de todos mis temores».*

- **Salmo 34:17-18***: «Los justos claman, y el Señor los escucha; los libra de todas sus angustias. El Señor está cerca de los quebrantados de corazón».*

- **Salmo 37:4:** *«Deléitate en el Señor, y él te concederá los deseos de tu corazón».*

- **Salmo 37:5:** *«Encomienda tu camino al Señor; confía en él y lo hará».*

- **Salmo 46:1:** *«Dios es nuestro refugio y fortaleza, un auxilio siempre presente en la angustia».*

- **Salmo 55:22:** *«Suelta tus preocupaciones sobre el Señor y él te sostendrá; nunca dejará que el justo sea derribado».*

- **Salmo 56:3:** *«Cuando tengo miedo, pongo mi confianza en ti».*

- **Salmo 61:2:** *«Desde los confines de la tierra te invoco, te llamo mientras mi corazón desfallece; condúceme a la roca que es más alta que yo».*

- **Salmo 62:6:** *«Verdaderamente Él es mi roca y mi salvación; Él es mi fortaleza; no seré sacudido».*

- **Salmo 91:2:** *«Diré del Señor: "Él es mi refugio y mi fortaleza, mi Dios, en quien confío"».*

- **Salmo 91:4:** «*Él te cubrirá con sus plumas, y bajo sus alas hallarás refugio; su fidelidad será tu escudo y tu baluarte*».

- **Salmo 94:19:** «*Cuando la ansiedad era grande en mí, tu consuelo me trajo alegría*».

- **Salmo 118:6:** «*El Señor está conmigo; no temeré. ¿Qué pueden hacerme los simples mortales?*».

- **Salmo 30:5:** «*Porque su ira dura sólo un momento, pero su favor dura toda la vida; el llanto puede durar toda la noche, pero el regocijo llega por la mañana*».

Dios es profundamente consciente de todos sus pensamientos, acciones y necesidades, y su presencia le rodea constantemente. El libro de los Salmos le anima a vivir con la seguridad de que nunca está solo.

La importancia de la oración y la meditación

La oración y la meditación son cruciales para desarrollar una vida espiritual sólida. La meditación, como en los Salmos, implica ponderar profundamente la Palabra de Dios y sus obras. Le ayuda a aquietar su mente, a conectar con Dios y a obtener claridad y fuerza para su vida diaria.

Debe reservar voluntariamente tiempo para la oración y la meditación en su vida diaria. Por ejemplo, el secreto del rey David detrás de su victoria y su exitoso caminar con Dios fue la oración y la meditación. Cuando usted ora, le habla a Dios y alinea su mente y corazón con su Espíritu.

La oración tiene el poder de transformar su vida por completo. Cuando rece con regularidad, notará un cambio en su forma de pensar. Se volverá más positivo, paciente y comprensivo. Este cambio no se produce de la noche a la mañana. Sin embargo, puede crear patrones de pensamiento nuevos y más sanos, que conduzcan a mejores acciones con un esfuerzo constante. La oración le ayuda a desprenderse de las viejas costumbres que ya no le sirven y a convertirse en la mujer que Dios se ha propuesto que sea.

Al igual que Jesús buscó la soledad para orar y meditar, usted también necesita este tiempo de quietud para renovar su espíritu. La vida puede ser abrumadora con sus muchas exigencias y distracciones. Pero cuando se toma tiempo para estar a solas con Dios, oye su voz con más claridad y siente su presencia más profundamente.

La oración y la meditación ofrecen una oportunidad única. Juntas, como un combo de poder, le ayudan a soltar preocupaciones, miedos y dudas. Obtendrá un propósito y una dirección renovados, sabiendo que ya no se mueve por la vida a ciegas porque Dios le guía, manteniéndole anclada en la fe.

Pertinencia intemporal de los Salmos

La relevancia atemporal de los Salmos es evidente en su conexión con las prácticas espirituales modernas. Han existido durante incontables generaciones, ofreciendo consuelo, sabiduría e inspiración. Del mismo modo que usted acude a un amigo en busca de consejo o de un hombro sobre el que llorar, puede recurrir a los Salmos en busca de guía y consuelo.

Los Salmos son increíblemente relacionables. Si se siente abrumada, perdida o necesita una conexión con algo más grande que usted misma, los Salmos ofrecen una presencia reconfortante y familiar. Pueden ayudarle a expresar a Dios sus sentimientos más profundos. A veces, encontrar las palabras adecuadas para transmitir lo que sucede en su interior es todo un reto. Los Salmos proporcionan un lenguaje que le permite derramar su corazón ante el Señor, su Dios.

El libro de los Salmos ofrece una fuente intemporal de consuelo, sabiduría y guía. Cuanto más estudie y utilice los Salmos, más profundizará en su conexión con Dios y se capacitará para vivir una vida más plena.

Diario de reflexión

Cree un Salmo personal en su diario. Reflexione sobre su camino espiritual y escriba un Salmo que exprese sus oraciones, alabanzas y reflexiones a Dios, inspirándose en el estilo y los temas de los Salmos bíblicos.

Capítulo 6: Acercarse a Dios a través de los Evangelios

El estudio de La Biblia pretende ayudarle a conectar con Dios más profundamente. La totalidad de los sesenta y seis libros de La Biblia son el intento de Dios de acercarse a su pueblo. Desde el Antiguo Testamento hasta el Nuevo Testamento, los creyentes pueden experimentar a Dios a través de numerosas historias bíblicas y comprender cuan fiel es hacia los suyos.

Desde el principio de este libro, los personajes bíblicos estudiados eran del Antiguo Testamento. Mujeres que nunca habían conocido a Jesús ni a sus discípulos y que, sin embargo, seguían creyendo en el Dios de sus padres. Las gentes del Antiguo Testamento no tenían a nadie

El Nuevo Testamento es rico en enseñanzas e historias de Jesús en los Evangelios[16]

que les trajera la buena nueva, pero como Josué, ellas y sus hogares podían elegir servir al Señor incluso en medio de la confusión.

Este capítulo se centra en profundizar y alimentar su relación con Dios a través de las enseñanzas e historias de Jesús en los Evangelios. Así pues, ha llegado el momento de explorar los libros del Nuevo Testamento. Este capítulo pretende inspirarle a seguir los ejemplos de Jesús y sus discípulos, fomentando una conexión más estrecha y personal con Dios.

La palabra *evangelio* deriva del inglés antiguo *Godspell*, que se traduce de la palabra griega *euangelion*, que significa *buenas noticias* o *buen relato*. Esta palabra describía noticias importantes, como cuando un rey ganaba una batalla o sucedía algo bueno en el reino. El significado de la palabra *evangelio* se hizo mucho más profundo cuando vino Jesús, más de 400 años después de que se escribiera el último libro del Antiguo Testamento. Se convirtió en la palabra perfecta para el mensaje especial que Jesús trajo al mundo.

El Mesías vino con un mensaje de esperanza para la gente que se sentía perdida o sin ayuda. Vino a traer la libertad a los que sufrían o se sentían atrapados. Así, la palabra *evangelio* quedó estrechamente vinculada a la historia de Jesús. Jesús y sus discípulos dejaron muchos ejemplos para ayudar a moldear la mente de los creyentes para una vida gloriosa con Dios.

Las enseñanzas centrales de los evangelios

Los evangelios son los libros de La Biblia que relatan la vida y el ministerio de Jesús. Se escribieron para enseñar y mostrar a los creyentes quién era Jesús, qué hizo y por qué vino. Los evangelios se centran en la buena nueva que Jesucristo vino a compartir con todo el mundo. ¿Cuál era esa buena noticia? Es el mensaje sobre el amor interminable de Dios por la humanidad y cómo podían tener una relación estrecha con él.

Cada Evangelio ofrece una visión única de la vida de Jesús, sus enseñanzas, sus milagros y su compasión por la gente. Los Evangelios son los cuatro relatos escritos por los discípulos de Jesús. Tiene sentido llamarlos «Evangelios» porque todos comparten la misma buena noticia que Jesús vino a traer.

Los cuatro primeros libros del Nuevo Testamento, Mateo, Marcos, Lucas y Juan, son como cuatro ventanas que ofrecen una perspectiva de la vida de Jesús desde distintos ángulos. Cada uno destaca diversos aspectos de la vida y el ministerio de Jesús, pero todos retratan su amor por las personas y su deseo de acercarlas a Dios.

Momentos clave en el ministerio de Jesús

El Sermón de la Montaña

El sermón que comienza con una bendición es la forma que tiene Dios de asegurarle su inquebrantable promesa de bendición. El objetivo es recordarle su intención de bendecirle y sus promesas inquebrantables.

El Sermón de la Montaña se encuentra en el libro de Mateo, del capítulo 5 al capítulo 7. Fue la enseñanza más larga de Jesús en los Evangelios. El sermón expone la visión moral de Jesús para la humanidad. Jesús enseña a una gran multitud cómo vivir si quieren seguir a Dios. Se centró en la humildad, la compasión y el perdón.

El sermón comienza con las Bienaventuranzas, una serie de bendiciones que describen las actitudes y acciones que agradan a Dios.

Mateo 5:1-12:

«Cuando vio a las multitudes, subió a la ladera de una montaña y se sentó. Sus discípulos se le acercaron, y tomando él la palabra, comenzó a enseñarles diciendo: "Bienaventurados los pobres en espíritu, porque el reino de los cielos les pertenece. Bienaventurados los que lloran, porque serán consolados. Bienaventurados los humildes, porque recibirán la tierra como herencia. Bienaventurados los que tienen hambre y sed de justicia, porque serán saciados. Bienaventurados los compasivos, porque serán tratados con compasión. Bienaventurados los de corazón limpio, porque ellos verán a Dios. Bienaventurados los que trabajan por la paz, porque serán llamados hijos de Dios. Bienaventurados los perseguidos por causa de la justicia, porque el reino de los cielos les pertenece. " Bienaventurados serán ustedes cuando por mi causa la gente los insulte, los persiga y levante contra ustedes toda clase de calumnias. Alégrense y llénense de júbilo, porque les espera una gran recompensa en el cielo. Así también persiguieron a los profetas que los precedieron a ustedes».

Bienaventuranzas significa un estado de felicidad suprema. Así pues, esta primera parte del sermón era Jesús enseñando a la gente que la verdadera felicidad proviene de vivir de una manera que sea agradable a Dios. Estos estados mentales se convirtieron en el modelo para todos los que se convertirían en sus discípulos.

Al continuar, Jesús se refirió al creyente como la luz en un mundo de tinieblas y como la sal que añade sabor al mundo que les rodea:

«Ustedes son la sal de la tierra. Pero si la sal se vuelve insípida, ¿cómo recobrará su sabor? Ya no sirve para nada, sino para que la gente la deseche y la pisotee. Ustedes son la luz del mundo. Una ciudad en lo alto de una colina no puede esconderse. Ni se enciende una lámpara para cubrirla con un cajón. Por el contrario, se pone en la repisa para que alumbre a todos los que están en la casa. Hagan brillar su luz delante de todos, para que ellos puedan ver las buenas obras de ustedes y alaben al Padre que está en el cielo» Mateo 5:13-16.

Además, les habla del cumplimiento aceptable de la ley. Les hizo comprender mejor los mandamientos de Dios sobre el asesinato (Mateo 5:21-25), el adulterio (Mateo 5:27-30), el divorcio (Mateo 5:31-32), los juramentos (Mateo 5:33-37) y la venganza (ojo por ojo) (Mateo 5:38-42).

Jesús enseñó que no basta con evitar asesinar a alguien. Explicó que si uno se enfada con alguien sin una buena razón, ha quebrantado el mandamiento porque hay asesinato en su corazón.

Hablando sobre el adulterio, dijo que incluso mirar a una persona con lujuria es cometer adulterio en el corazón. Amonestó a los cristianos a controlar lo que hacen, piensan y sienten.

Piense en cómo sería el mundo si la gente obedeciera de verdad estas enseñanzas, no sólo en sus acciones, sino también en sus corazones. Sería como el cielo. No habría enfados en la carretera, ni peleas a gritos, ni malicia, ni violencia innecesaria, ni palabras duras que hirieran a los demás. La gente sería más paciente y comprensiva y se esforzaría por resolver los problemas pacíficamente.

En lugar de ganar discusiones, se centrarían en encontrar soluciones y hacer las paces. Si se obedeciera en espíritu el mandamiento contra la lujuria, no habría infidelidad y los matrimonios serían más fuertes y felices. Las familias serían más estables y los niños crecerían en hogares amorosos. No habría necesidad de pornografía, etc. La industria se quedaría sin negocio en lugar de florecer como hoy. El mundo sería un lugar mucho mejor si todos vivieran de acuerdo con el espíritu de la ley.

Jesús dice que ames a los que te maltratan, perdónalos y reza por ellos[17]

Además, Jesús dio las instrucciones más difíciles de seguir: *«Amen a sus enemigos»* (Mateo 5:44) y *«Sean perfectos, así como su Padre celestial es perfecto»* (Mateo 5:48). Dios es perfecto porque Dios es amor. Normalmente, cuando la gente se siente herida, su primera reacción es devolver el daño a sus ofensores o guardarles rencor. Sin embargo, Jesús dice que hay que amar a los que te maltratan, perdonarlos y rezar por ellos. Este amor no es fácil, pero es el amor que Dios muestra a todas las personas.

El amor de Dios es incondicional. Se preocupa profundamente por todos, incluso por aquellos que no creen en él o no respetan su nombre. Ama a los que le rechazan o usan su nombre en vano. su amor no se basa en lo que usted haga o deje de hacer. su amor surge de su carácter y del deseo de que todos le conozcan.

En Mateo 6, Jesús cambia el enfoque a confiar en Dios y buscar primero su reino. Le dice a la gente que no se preocupe por sus necesidades diarias, como la comida y la ropa, porque Dios sabe lo que necesitan y se lo proporcionará. Dice: «*Más bien, busquen primeramente el reino de Dios y su justicia, y todas estas cosas les serán añadidas*» Mateo 6:33.

Recuerde que La Biblia dice en Salmos 23:1: «*El Señor es mi pastor, nada me falta*», Salmos 34:10 dice: «*Los leones pueden debilitarse y tener hambre, pero a los que buscan al SEÑOR no les falta nada bueno*». Jesús no hacía más que confirmar lo que se había dicho siglos antes que él. Demuestra que Dios es realmente fiel. Cuando usted lo busca y confía en él, le bendecirá con toda cosa buena.

El sermón incluye una sección sobre ser sincero en sus acciones y no sólo hacer cosas para quedar bien delante de los demás. Jesús habla de dar a los necesitados, rezar y ayunar en privado en lugar de hacer estas cosas para lucirse. Dios mira el corazón y valora la devoción genuina por encima de las apariencias externas, 1 Samuel 16:17:

«Pero el SEÑOR dijo a Samuel: "No te fijes en su semblante ni en la altura de su estatura, porque lo he rechazado; porque el SEÑOR no ve como ve el hombre. Porque el hombre mira la apariencia exterior, pero el SEÑOR mira el corazón"».

Cuando hace cosas buenas en silencio y con sinceridad, sin buscar el elogio de los demás, indica que su amor por Dios es real y que le preocupa más lo que Dios piense que lo que piense la gente.

El Sermón de la Montaña proporciona muchas lecciones sobre cómo vivir una vida agradable a Dios. Aprenderá a ser más humilde, cariñoso, indulgente y sincero si lo estudia y medita. Se acercará más a Dios y vivirá de un modo que refleje su amor y su justicia.

Parábolas famosas

Jesús era famoso por hablar en *parábolas* en lugares públicos. Normalmente dejaba a la gente confusa. Hacía todo lo posible por explicar sin utilizar palabras complejas. Sus discípulos también tenían problemas para entender sus parábolas. Así que se tomó su tiempo para desmenuzarlas, diciendo: «*...A ustedes se les ha concedido conocer los secretos del reino de los cielos; pero a ellos no*» (Mateo 13:11).

Pero, ¿qué significa una parábola? Una parábola es una historia sencilla que utiliza situaciones cotidianas para ilustrar una verdad espiritual más profunda. Algunas de las parábolas más famosas que contó Jesús incluyen:

La parábola del buen samaritano (Lucas 10:29-37)

«Pero él quería justificarse, así que le preguntó a Jesús: "¿Y quién es mi prójimo?". En respuesta, Jesús dijo "Un hombre bajaba de Jerusalén a Jericó cuando fue atacado por unos ladrones. Lo despojaron de sus ropas, lo golpearon y se fueron, dejándolo medio muerto. Por casualidad, un sacerdote bajaba por el mismo camino y, al ver al hombre, miró al otro lado. Así también un levita, cuando llegó al lugar y lo vio, pasó de largo por el otro lado. Pero un samaritano, mientras viajaba, llegó donde estaba el hombre; y cuando lo vio, se compadeció de él. Se acercó a él y le vendó las heridas, echándole aceite y vino. Luego montó al hombre en su propio asno, lo llevó a una posada y cuidó de él. Al día siguiente sacó dos denarios y se los dio al posadero. 'Cuida de él', le dijo, 'y cuando vuelva, te reembolsaré cualquier gasto extra que tengas'. "¿Cuál de estos tres cree que era el prójimo del hombre que cayó en manos de los ladrones?" El experto en la ley respondió: "El que se apiadó de él". Jesús le dijo: "Ve y haz tú lo mismo"».

En esta historia, un hombre viaja de Jerusalén a Jericó y es atacado por ladrones, golpeado y dado por muerto. Varias personas pasan de largo sin ayudarle. Finalmente, un samaritano (una persona de Samaria que no caía bien a los judíos) venda las heridas del hombre, lo lleva a una posada y paga por sus cuidados. Jesús contó esta parábola para animar a los creyentes a actuar con cariño y mostrar bondad, compasión y misericordia a todo el mundo porque la cercanía y la vecindad nace del corazón.

La parábola del hijo pródigo (Lucas 15:11-32)

«Jesús continuó: "Había un hombre que tenía dos hijos. El menor dijo a su padre: 'Padre, dame mi parte de la hacienda'. Así que repartió sus bienes entre los dos. No mucho tiempo después, el hijo menor reunió todo lo que tenía, partió hacia un país lejano y allí derrochó sus riquezas en una vida desenfrenada. Después de haberlo gastado todo, hubo una gran hambruna en todo aquel país y empezó a pasar necesidad. Así que fue y se alquiló a un ciudadano de

aquel país, que lo envió a sus campos para alimentar cerdos. Ansiaba llenar su estómago con las vainas que comían los cerdos, pero nadie le daba nada. Cuando recobró el juicio, dijo: "¡Cuántos jornaleros de mi padre tienen comida de sobra y yo aquí muriéndome de hambre! Me pondré en camino y volveré a mi padre y le diré padre, he pecado contra el cielo y contra ti. Ya no soy digno de ser llamado hijo tuyo; hazme como uno de tus jornaleros'. Así pues, se levantó y fue a ver a su padre. Pero cuando aún estaba lejos, su padre lo vio y se compadeció de él; corrió hacia su hijo, lo abrazó y lo besó. El hijo le dijo: 'Padre, he pecado contra el cielo y contra ti. Ya no soy digno de llamarme hijo tuyo'. Pero el padre dijo a sus criados: ¡Rápido! Traed la mejor túnica y ponédsela. Pónganle un anillo en el dedo y sandalias en los pies. Traed el ternero cebado y matadlo. Hagamos una fiesta y celebremos. Porque este hijo mío estaba muerto y ha vuelto a la vida; estaba perdido y ha sido encontrado'. Y empezaron a celebrarlo. Mientras tanto, el hijo mayor estaba en el campo. Cuando se acercó a la casa, oyó música y danzas. Entonces, llamó a uno de los criados y le preguntó qué pasaba. 'Tu hermano ha venido', le contestó, 'y tu padre ha matado al ternero cebado porque lo tiene de vuelta sano y salvo'. El hermano mayor se enfadó y se negó a entrar. Entonces, su padre salió y le suplicó. Pero él respondió a su padre: ¡Mira! Todos estos años he estado trabajando como un esclavo para ti y nunca he desobedecido tus órdenes. Sin embargo, nunca me diste ni siquiera una cabra joven para que pudiera celebrar con mis amigos. Pero cuando este hijo tuyo que ha despilfarrado tus bienes con prostitutas llega a casa, ¡matas el ternero cebado para él!'. Hijo mío', dijo el padre, 'siempre estás conmigo y todo lo que tengo es tuyo'. Pero tenemos que celebrar y alegrarnos porque este hermano tuyo estaba muerto y ha vuelto a la vida; estaba perdido y ha sido encontrado».

Como la mayoría de la gente, el hijo pródigo quería vivir independientemente de su padre. Jesús contó esta historia para ayudar a la gente a comprender la profundidad del amor de Dios. No importaba el tiempo que el hijo hubiera estado fuera, lo que hubiera hecho con el dinero de su padre o su aspecto cuando regresó. su padre lo recibió de buena gana con los brazos abiertos y un beso.

En la parábola, el hijo pródigo representa a las personas que han viajado por su cuenta, lejos de Dios. El padre representa a Dios, que es incondicional en su amor. Un Dios dispuesto a aceptarle siempre que reconozca sus errores y regrese a él. 1 Juan 1:9: «Si confesamos nuestros pecados, él es fiel y justo y nos los perdonará y nos purificará de toda maldad». Malaquías 3:7:

> *«Desde la época de sus antepasados se han apartado de mis preceptos y no los han guardado. Vuélvanse a mí, y yo me volveré a ustedes», dice el Señor Todopoderoso.*

La parábola de la oveja perdida (Lucas 15:1-7)

> *«Los recaudadores de impuestos y los pecadores se reunían para escuchar a Jesús. Pero los fariseos y los maestros de la ley murmuraban: "Este acoge a los pecadores y come con ellos". Entonces Jesús les contó esta parábola "Supongan que uno de ustedes tiene cien ovejas y pierde una de ellas. ¿No deja las noventa y nueve en campo abierto y va tras la oveja perdida hasta que la encuentra? Y cuando la encuentra, se la pone alegremente sobre los hombros y vuelve a casa. Entonces convoca a sus amigos y vecinos y les dice: 'Alegraos conmigo; he encontrado a mi oveja perdida'. Les digo que de la misma manera, habrá más regocijo en el cielo por un pecador que se arrepiente que por noventa y nueve justos que no necesitan arrepentirse"».*

Jesús utilizó esta parábola para explicar lo importante que es cada alma para Dios. Abandonar todo un rebaño de ovejas para perseguir a una sola no es algo que muchos harían. Pero Dios no es un hombre. Él no piensa como uno. Quiere que todos los pecadores se arrepientan y se acerquen a él. El Señor dijo en Ezequiel 18:23:

> *«¿Acaso creen que me complace la muerte del malvado? ¿No quiero más bien que abandone su mala conducta y que viva? Yo, el Señor, lo afirmo».*

Jesús utilizó la parábola de la oveja perdida para explicar lo importante que es cada alma para Dios[18]

Apreciaba inmensamente al rey David porque, mientras cuidaba las ovejas de su padre, David perseguía y mataba a los animales salvajes que intentaban llevarse sus ovejas. Podría haber corrido de vuelta a casa para decirle a su padre que el león y el oso les habían atacado. En lugar de eso, mantuvo a salvo al resto y persiguió a los animales por una sola oveja. Dios ama a todos sus hijos y su misericordia perdura para siempre. Isaías 43:4 dice

> *«Puesto que eres preciosa y honrada a mis ojos, y porque te amo, daré gente a cambio de ti, naciones a cambio de tu vida».*

El rey David escribió un salmo sobre el amor de Dios:

> *«Den gracias al Señor, porque es bueno. su amor perdura para siempre. Den gracias al Dios de los dioses. su amor perdura para siempre...»* Salmo 136.

Estas son algunas de las parábolas que Jesús contó. Puede estudiar muchas más durante su estudio de La Biblia.

- Parábola del sembrador (Marcos 4:1-20)
- Parábola del fariseo y el publicano (Lucas 18:9-14)
- Parábola de la semilla de mostaza (Mateo 13:31-32)
- Parábola de las diez vírgenes (Mateo 25:1-13)
- Parábola de la moneda perdida (Lucas 15:8-10)
- Parábola de los talentos (Mateo 25:14-30)

Milagros notables

La alimentación de los cinco mil (Mateo 14:13-21)

Los cuatro evangelios relatan un milagro en el que Jesús alimentó a cinco mil personas con sólo cinco panes y dos peces. Fue un día muy dramático. En un momento, los discípulos estaban ansiosos y preocupados por cómo alimentar a la multitud. Con una oración de acción de gracias, cinco panes y dos peces, Jesús realizó un milagro.

Todos comieron hasta saciarse y sobró comida. Los discípulos no podían creer lo que veían. Este milagro fue la forma que tuvo Jesús de mostrar a la gente que nada era imposible para Dios. En el Salmo 78:22-24, el rey David dio testimonio de la capacidad de Dios para realizar un milagro como éste:

> *«...porque no creían en Dios ni confiaban en su liberación. Sin embargo, dio una orden a los cielos y abrió las puertas de los cielos; hizo llover maná para que el pueblo comiera, les dio el grano del cielo».* Lea la historia original en Éxodo 16.

Tenga siempre fe en la provisión de Dios y esté dispuesta a compartir lo que tiene. Dios puede multiplicar sus pequeñas ofrendas para satisfacer necesidades mayores en un abrir y cerrar de ojos. Mateo 19:26, *«...Para el hombre esto es imposible, pero para Dios todo es posible».*

Jesús camina sobre el agua (Mateo 14:22-32)

¿Ha observado alguna vez el océano? ¿Ha observado realmente el océano y ha visto cómo se mueve el agua? ¿Y su profundidad? ¿Ha pensado alguna vez en la profundidad de un océano? El agua es mayor que toda la superficie terrestre de la Tierra. El agua posee una inmensa energía cuando fluye, que se denomina energía cinética. Los investigadores aprendieron que el agua cubre más del 70 % de la superficie terrestre y que el 96,5 % es agua de mar.

Ahora, con este contexto en mente, imagínese a Jesús caminando sobre el agua, no sobre una fuente, un arroyo, un lago o un río, sino sobre un mar. ¡Un mar! Lo hizo con un porte tranquilo e imperturbable. Caminó majestuosamente como el rey que es. Incluso podría haber estado leyendo un pergamino mientras caminaba, sin prestar atención al mar, sólo miraba hacia arriba para ver que estaba en el camino correcto hacia la barca como si fuera una actividad cotidiana. Le pidió a Pedro que se acercara a él, y Pedro caminó sobre el agua hasta que permitió que el miedo nublara su mente.

Con su fe inquebrantable en Dios, Jesús caminó sobre el agua[19]

Este milagro ocurrió después de la alimentación de los cinco mil. Jesús envió a sus discípulos por delante en una barca mientras él subía a una montaña para orar. La barca de los discípulos estaba lejos de tierra durante la noche, y el viento era fuerte. Jesús se acercó a ellos caminando sobre el agua. Los discípulos estaban aterrorizados, pensando que era un fantasma, pero Jesús los tranquilizó diciéndoles: *«¡Tened valor! Soy yo, no tengáis miedo».*

Cuando Pedro empezó a hundirse, Jesús alargó la mano y lo atrapó, diciendo: *«Hombre de poca fe, ¿por qué dudaste?»* La fe le ayuda a superar el miedo; sin embargo, es difícil. Este milagro demuestra que Jesús siempre le ayudará cuando lo llame.

La mujer con problemas de sangre

La historia de la mujer con flujo de sangre aparece en tres de los cuatro evangelios. Esta mujer había sufrido este problema de salud durante más de doce años. A diferencia del hombre del estanque de Betesda, que no tenía a nadie, la mujer tenía gente y dinero. Había estado varias veces en el hospital y, presumiblemente, los médicos la evitaban. Ver a un paciente que sufre una enfermedad que ha intentado curar una y otra vez es como un golpe para su profesión.

La mujer gastó todo su dinero y su tiempo durante más de 12 años buscando una solución a su apuro. Todos sus esfuerzos fueron infructuosos. Un día, se enteró de que Jesús iba a visitar la casa del líder de una sinagoga de su zona. Se dijo a sí misma: «*Si tan sólo toco sus ropas, quedaré curada*». El milagro ocurrió en el momento en que ella tocó su manto. De repente, la sangre se secó y ella quedó sana.

Jesús sintió que el poder abandonaba su cuerpo y percibió que alguien con fe le había tocado, una fe difícil de ignorar. Se volvió y preguntó: «*¿Quién ha tocado mi ropa?*». Pero sus discípulos le respondieron que podía haber sido cualquiera porque les seguía una gran multitud. Sin embargo, Jesús no era un hombre corriente. Sabía que era alguien especial y siguió mirando.

La mujer se dio cuenta de que él la buscaría hasta encontrarla, así que se presentó ante él. Jesús la miró y sonrió. Le dijo: «*Hija, tu fe te ha curado. Vete en paz y libérate de tu sufrimiento*». Esto marcó el final de su apuro.

¿Cuál es ese problema que le causa dolor y angustia? No importa cuánto tiempo o cómo lo llamen los médicos. Jesús puede sanarle. Acérquese a él con fe hoy mismo y reciba su curación. En Isaías 53:4, el profeta Isaías profetizó sobre Jesús:

«Ciertamente, él cargó con nuestro dolor y soportó nuestro sufrimiento; sin embargo, lo consideramos castigado por Dios, golpeado por él y afligido. Pero él fue traspasado por nuestras transgresiones, fue aplastado por nuestras iniquidades; el castigo que nos trajo la paz recayó sobre él, y por sus heridas hemos sido curados».

En los evangelios hay muchos otros milagros como estos. He aquí algunos que puede estudiar y meditar más adelante:

- La curación del ciego de nacimiento (Juan 9:1-12)
- El hombre del estanque de Betesda (Juan 5:1-15)

- Conversión del agua en vino (Juan 2:1-11)
- Resurrección de Lázaro de entre los muertos (Juan 11:1-43)
- Calmar la tempestad (Marcos 4:35-41)

A través de estos milagros, Jesús revela la naturaleza compasiva y poderosa de Dios. Cuando Jesús cura a los enfermos, alimenta a los hambrientos o resucita a los muertos, demuestra su poder divino y muestra lo activo que es Dios en la vida de los que confían y creen en él.

Amor, compasión y perdón: temas centrales en los Evangelios

Al acercarse a Dios, nunca se hará suficiente hincapié en el amor, la compasión y el perdón. Jesús exhorta a los creyentes a que se amen unos a otros como él les ama en Juan 13:34. El amor es una fuerza espiritual que mantiene a Dios cerca de usted. El capítulo 4, sobre el amor y la compasión, habla al respecto con escrituras y personajes bíblicos que fueron agentes del amor y la compasión.

La bondad o la compasión consisten en darse cuenta de que alguien necesita ayuda y ayudarle como hizo Jesús. No se trata de darse cuenta de un problema y luego ir a casa a chismosear con los amigos. A partir de la historia del buen samaritano, puede ver que la bondad genuina va más allá de lo que es típico o esperado. El buen samaritano ayudó a un extraño herido, aunque no fueran de la misma condición social o cultura. Mostrar bondad a los seres queridos y a los extraños es una forma de vivir una vida piadosa, la vida que vivió Cristo.

En cuanto al perdón, Jesús enseña que debe perdonar a los demás para recibir el perdón de Dios (Mateo 6:14-15). El perdón le libera de la carga de la amargura y le permite experimentar la plenitud de la gracia de Dios. Se siente más ligero y en paz en el momento en que suelta la ira o el dolor. Usted refleja la naturaleza perdonadora de Dios, que le abre la puerta a una comunión más profunda con él si practica el perdón.

El modelo para el discipulado y el crecimiento espiritual

Las interacciones de Jesús con sus discípulos proporcionan un modelo para el discipulado y el crecimiento espiritual. Les enseñó con sus palabras y con su ejemplo. Demostró cómo vivir obedeciendo a Dios, servir a los demás y permanecer fiel incluso en los desafíos. Imbuyó en ellos las características vitales del verdadero liderazgo: servicio, humildad y amor.

Jesús los llamó para que estuvieran con él, para que aprendieran de él y para que se apoyaran mutuamente. Eran su familia, sus amigos y su comunidad. Una comunidad así es esencial para alimentar una relación con Dios porque proporciona ánimo, responsabilidad y una experiencia de fe compartida. Así que, incluso mientras persigue el crecimiento espiritual, deje espacio para crear o unirse a una comunidad que ame a Dios como usted. Podrá aprender de las experiencias y encuentros con Dios de los demás.

Diario de reflexión

Cree un plan de devoción semanal basado en los Evangelios. Cada día, lea un pasaje de los Evangelios sobre el que haya escrito en su diario (hágalo destacar añadiendo creatividad), reflexione sobre su significado y escriba cómo puede aplicarlo a su vida. Utilice esta práctica para alimentar y fortalecer su relación con Dios.

Capítulo 7: Las mujeres del Evangelio: las historias de María y María Magdalena

Tras explorar los cuatro evangelios, es un buen momento para leer historias de mujeres notables de los evangelios. A diferencia del Antiguo Testamento, que se refería a muchas mujeres y a su impacto en el propósito de Dios para los israelitas, el Nuevo Testamento sólo menciona a unas pocas.

En el Nuevo Testamento había más hombres que mujeres: los discípulos más cercanos de Jesús eran hombres. Sin embargo, siempre que una multitud escuchaba a Jesús, las mujeres asistían más que los hombres, lo que sigue siendo evidente hoy en día. Si entra en una iglesia bien poblada, se dará cuenta de que la mayoría de sus miembros

El Nuevo Testamento también relata historias de dos mujeres que destacaron en el ministerio de Jesús[20]

son mujeres. Puede que no siempre asuman un papel de liderazgo, pero siempre están presentes donde está Jesús.

Este capítulo basado en los personajes se centra en las historias y los perfiles de dos mujeres que destacaron en el ministerio de Jesús: cómo le conocieron, crecieron en la fe al escuchar sus enseñanzas, se convirtieron en discípulas y seguidoras fieles y le siguieron hasta su muerte y después de su resurrección.

Y lo que es más interesante, tienen el mismo nombre. Probablemente ya lo haya adivinado. Entonces, ¿le apetece estudiar más personajes bíblicos? Si es así, siga leyendo.

María | La Madre de Jesús

María, la madre de Jesús, era una joven normal y corriente: callada, tranquila, guapa, reservada y fiel a Dios y a su prometido. Cuando María se comprometió, aún era virgen y una joven ejemplar y agradable. Muchos hombres clamaban por cortejarla. Sin embargo, el afortunado fue José, un hombre decente, humilde y temeroso de Dios.

José procedía del linaje del rey David, nació y creció en la pequeña ciudad de Nazaret, en Galilea. Sus antepasados eran Abraham, Isaac, Jacob, Judá, Jesé, etc. Tenía un trabajo bien pagado en carpintería y gozaba de una cómoda posición económica. A diferencia de algunos de los hombres del pueblo, no quería tontear con cualquier mujer. Sabía que María era la indicada para él y quería hacer de ella una esposa honesta.

Su relación era la comidilla de la ciudad. Eran perfectos el uno para el otro. Sin embargo, José hizo un descubrimiento chocante cuando la fecha de la boda se acercaba. María estaba embarazada. Su prometida virgen estaba embarazada.

¿Cómo sucedió esto? El Libro de Lucas dice que el ángel Gabriel visitó a María. Lucas 1:26-35:

> *«El ángel se acercó a ella y le dijo: "Se te honra mucho. Eres una mujer favorecida. El Señor está contigo. Has sido elegida entre muchas mujeres".* Cuando vio al ángel, se turbó por sus palabras. Pensó en lo que le habían dicho. El ángel le dijo: *"María, no temas. Has encontrado el favor de Dios. ¡Mira! Vas a ser madre y vas a tener un Hijo. Le pondrás el nombre de Jesús. Él será grande. Será llamado Hijo del Altísimo. El Señor Dios le dará el lugar donde se sentó su antiguo padre David. Será rey sobre la familia de Jacob para siempre y su nación no tendrá fin".* María le dijo al ángel:

"¿Cómo sucederá esto? Nunca he tenido un hombre". El ángel le dijo: "El Espíritu Santo vendrá sobre ti. El poder del Altísimo te cubrirá. El santo Niño que des a luz se llamará Hijo de Dios"».

Aunque conmocionada y confusa, María, como siempre, sirvió de buena gana al propósito de Dios. su corazón se aceleró cuando el ángel la dejó. ¿Cómo se lo diría a José? ¿Qué le diría? ¿Qué pasaría con su familia? ¿A la familia de José? ¿Cómo podría explicar el haberse quedado embarazada de la noche a la mañana? ¿Qué le diría a su mejor amiga? Las preguntas seguían rodando por su mente, pero entonces recordó la palabra del Señor pronunciada por el ángel: *«No temas. Has encontrado el favor de Dios».*

Así que María se armó de valor y mantuvo sus emociones bajo control. Dios no la avergonzaría. Ella lo conocía como fiel y justo. Aunque era joven, había dedicado su vida a servir al Señor. Dios escuchó sus pensamientos y tomó nota de sus preocupaciones, así que envió a un ángel a hablar con José.

José, respetando las leyes del país se dispuso a romper el compromiso. El niño no era suyo, así que no debía ser él quien se casara con María. Decidió hacerlo discretamente para no dañar la imagen de María. Mientras planeaba dejarla marchar, un ángel le visitó en sueños y le explicó la situación. Mateo 1:20-21:

«Mientras pensaba en esto, un ángel del Señor se le presentó en sueños. El ángel le dijo: "José, hijo de David, no tengas miedo de tomar a María por esposa. Va a ser madre por el Espíritu Santo. Le nacerá un Hijo. Le pondrás el nombre de Jesús porque él salvará a su pueblo del castigo de sus pecados"».

Tras la visita del ángel, José supo qué hacer. Se casó rápidamente con María y la asistió durante todo el embarazo. María da gracias a Dios por haberla elegido en Lucas 1:46-55:

«Entonces María dijo: "Mi corazón canta de agradecimiento por mi Señor. Y mi espíritu se alegra en Dios, el que salva del castigo del pecado. El Señor se ha fijado en mí, su sierva y una que no es importante. Pero a partir de ahora toda la gente me honrará. Aquel que es poderoso ha hecho grandes cosas por mí. Su nombre es Santo. La bondad amorosa del Señor se da a la gente de todos los tiempos que le honra. Él

ha hecho obras poderosas con su brazo. Ha dividido entre sí a los que tienen orgullo en el corazón. Ha derribado a los gobernantes de sus tronos. Él ha puesto a aquellos que están en un lugar que no es importante a un lugar que es importante. Ha llenado de cosas buenas a los que tienen hambre. Ha despedido a los ricos sin nada. Ha ayudado a Israel, su siervo. Esto fue hecho para recordar su bondad amorosa. Prometió que haría esto con nuestros primeros padres y con Abraham y su familia por siempre"».

Después de ver que Dios había llenado el vientre de Isabel como había dicho el ángel, la realidad cayó sobre María y no pudo contener su alegría.

Cuando Jesús comenzó su ministerio en las bodas de Caná, María dijo a los sirvientes: *«Haced todo lo que él os diga»* Juan 2:5. María sabía exactamente quién era Jesús y lo que podía hacer. Él no la defraudó.

Cuando terminó el ministerio de Jesús en la Tierra, llegó el momento de despedirse de su forma humana en la cruz. María estaba atenazada por el dolor. Ella le había visto crecer desde un diminuto bebé envuelto en pañales hasta el hombre herido y magullado que colgaba de la cruz, como se había profetizado. María estaba triste pero agradecida. Se cumplía la voluntad de Dios y ella había desempeñado su papel.

María Magdalena | La mujer discípula

María Magdalena es otra María que aparece en la vida de Jesús, y su presencia no fue fugaz. Fue presentada por primera vez en Lucas 8:1-3, *«Después de esto, Jesús viajaba de ciudad en ciudad y de aldea en aldea, proclamando la buena nueva del reino de Dios. Estaban con él los doce, y también algunas mujeres que habían sido curadas de espíritus malignos y de enfermedades: María (llamada Magdalena) de la que habían salido siete demonios; Juana, la mujer de Chuza, el jefe de la casa de Herodes; Susana; y muchas otras. Estas mujeres ayudaban a mantenerlos con sus propios medios».*

María Magdalena, una estrecha seguidora de Jesús, le amaba y creía en él inmensamente[11]

La Biblia registra que fue una de las mujeres que viajaron con Jesús y apoyaron su ministerio con sus finanzas. Todos los evangelios tienen algo que decir sobre ella por su dedicación y actividad en el ministerio de Jesús.

María Magdalena, una estrecha seguidora de Jesús, le amaba y creía en él inmensamente. En la crucifixión de Jesús, ella estaba allí. Fue triste y desgarrador porque Jesús, que había enseñado mucho sobre el amor y la bondad, fue tratado con tanta crueldad. La mayoría de las personas que se reunieron en la cruz para presenciar la crucifixión abandonaron la escena al cabo de un rato, pero María se quedó porque quería estar cerca de Jesús. Ella fue testigo de su sufrimiento hasta que él murió. De pie cerca de la cruz, María vio a Jesús pronunciar sus últimas palabras. Vio oscurecerse el cielo, sintió temblar la tierra y experimentó todo lo que sucedió después.

Cuando los soldados vinieron a llevarse el cuerpo de Jesús, ella se aseguró de localizar el lugar donde estaba enterrado. Ella y otras mujeres querían asegurarse de que su cuerpo fuera cuidado, así que planearon regresar después del sábado. El domingo por la mañana temprano, cuando todavía estaba oscuro, María Magdalena fue a la tumba. Quería poner especias especiales sobre el cuerpo de Jesús, como era costumbre. Cuando llegó, María vio que la enorme piedra que cubría la entrada de la tumba se había corrido. Confundida y pensando que alguien podría haberse llevado el cuerpo de Jesús, corrió a decírselo a los discípulos, Pedro y Juan. Ellos vinieron a verlo por sí mismos.

Mientras lloraba, María volvió a mirar dentro de la tumba. Esta vez, vio a dos ángeles vestidos de blanco sentados donde había estado el cuerpo de Jesús. Ellos le preguntaron:

«¿Por qué lloras?»

Ella respondió:

«Se han llevado a mi Señor y no sé dónde lo han puesto».

Entonces se dio la vuelta y vio a un hombre que estaba allí y que ella pensó que era un jardinero (Juan 20:13-14).

Entonces, el hombre dijo su nombre: «María». En ese momento, María se dio cuenta de que era Jesús quien hablaba. ¡Estaba vivo! su corazón debió de saltar de alegría. Jesús le dijo que fuera a decirles a los demás que él había resucitado de entre los muertos. María Magdalena corrió a contarles a los discípulos la asombrosa noticia. Ella no podía esperar para compartir que Jesús había resucitado como dijo que lo haría. Ella fue la primera persona que vio a Jesús vivo. Estaba muy emocionada por compartir este milagro con todos.

Existe un error muy común sobre el hecho de que María Magdalena fuera una prostituta. La Biblia no dice explícitamente que María Magdalena fuera prostituta. Sólo registra la única vez en que Jesús expulsó siete demonios de ella (Lucas 8:2). Algunas personas creen que María Magdalena era la misma persona que otra mujer sin nombre de La Biblia, que muchos pensaban que era prostituta y que es conocida por lavar los pies de Jesús con sus lágrimas y secarlos con sus cabellos (Lucas 7:36-38). Sin embargo, no hay pruebas de que estas dos mujeres sean la misma persona.

Lecciones de sus vidas

Fe y obediencia

María demostró una profunda fe y obediencia al aceptar la voluntad de Dios para su vida, incluso cuando se enfrentaba a la incertidumbre y a una posible vergüenza. Su respuesta al mensaje del ángel Gabriel fue de confianza y sumisión, diciendo: *«Soy la sierva del Señor... Que se cumpla tu palabra para conmigo»* (Lucas 1:38). Aceptó su papel de madre de Jesús, confiando en el plan de Dios a pesar de los desafíos que ello conllevaría. Su fe fue firme y permaneció obediente a la llamada de Dios. María se convirtió en el ejemplo perfecto de confiar en el propósito de Dios, incluso cuando no se comprenden plenamente las circunstancias.

La fe y la obediencia de María Magdalena fueron evidentes en su apoyo inquebrantable a Jesús a lo largo de su ministerio. María Magdalena siguió fielmente a Jesús a pesar de su pasado, proveyendo para él y sus discípulos. Abrazó su papel con devoción. La fe la llevó a su transformación y a un nuevo propósito.

Coraje y perseverancia

María, la madre de Jesús, mostró un inmenso valor cuando aceptó el mensaje del ángel de que daría a luz al Hijo de Dios. Se enfrentó a una posible desgracia, a la incomprensión y al rechazo de su comunidad, pero obedeció a Dios de buen grado. Perseveró a pesar de su dolor personal, confiando en el plan mayor de Dios.

María, la madre de Jesús, mostró un inmenso valor cuando aceptó el mensaje del ángel de que daría a luz al Hijo de Dios[32]

El valor de María Magdalena se pone de relieve por su presencia en la crucifixión de Jesús cuando muchos otros huyeron atemorizados. Ella perseveró en su devoción a Jesús, incluso cuando él ya no estaba físicamente presente. Ella demostró valentía al ir a la tumba para honrar el cuerpo de Jesús. No permitió que el miedo o el juicio social la disuadieran de su devoción.

Devoción y servicio

La devoción de la Virgen María se aprecia a lo largo de toda la vida de Jesús, desde su nacimiento hasta su muerte. Ella cuidó de él, apoyó su ministerio y le siguió hasta el final. Era totalmente humilde con un propósito profundo. Incluso en las bodas de Caná, demostró su fe en Jesús animando a los demás a seguir sus instrucciones, mostrando su devoción y servicio continuos a su misión.

La devoción de María Magdalena es evidente en su apoyo financiero al ministerio de Jesús y su presencia constante con él. Siguió a Jesús y sirvió activamente en su misión, proveyendo para él y sus discípulos. Su devoción era inquebrantable y fue de las primeras en presenciar su resurrección. Se le confió la tarea de dar la noticia a los discípulos.

Testimonio y proclamación

María, la madre de Jesús, fue crucial como testigo de la vida, muerte y resurrección de Jesús. Fue testigo del primer milagro de Jesús en las bodas de Caná y estuvo presente durante su crucifixión. Su vida y sus acciones proclamaron su fe y su confianza en el plan de Dios, lo que la convirtió en una poderosa testigo de la obra de Dios en el mundo.

María Magdalena fue la primera en presenciar a Cristo resucitado y se le encomendó la tarea de proclamar esta increíble noticia a los discípulos. Se convirtió en la primera evangelista porque vio la resurrección de Jesús. Compartió audazmente la noticia a pesar de la posible incredulidad y conmoción de los demás, estaba demasiado emocionada para que le importara.

María, la madre de Jesús y su homónima de Magdala, compartieron audazmente su fe y sus experiencias con los demás. Ser testigo de la obra de Dios y declarar abiertamente su fe puede inspirar y animar a otros a hacer lo mismo.

Diario de reflexión

Reflexione sobre un momento de su vida en el que se sintió llamada a dar un paso adelante en la fe como María, la madre de Jesús, cuando aceptó el plan de Dios para su vida. ¿Cómo respondió a esa llamada? ¿A qué miedos o incertidumbres se enfrentó? ¿Cómo los superó? Considere el ejemplo de María Magdalena, que demostró una devoción y un valor inquebrantables incluso ante grandes desafíos. ¿Cómo puede incorporar una fidelidad y dedicación similares en su vida diaria?

Capítulo 8: Descubrir el propósito que Dios le ha dado

¿Ha oído alguna vez el dicho: «¿Cuando no se conoce la finalidad de una cosa, el abuso es inevitable?» Esto significa que puede hacer un mal uso de algo si no sabe para qué está destinado. Por ejemplo, digamos que tiene un smartphone impresionante con una cámara de calidad fantástica, pero sólo lo utiliza para hacerse selfis borrosas. ¿Por qué? No conoce todos los trucos y funciones que vienen con el teléfono. Se está perdiendo la diversión y las increíbles fotos que podría hacer porque no entiende el propósito de esos pequeños botones y ajustes.

Imagine que su smartphone es como una navaja suiza. Ya sabe, la que tiene pequeñas herramientas que se despliegan: tijeras, abrebotellas, destornilladores, todo el tinglado. Si sólo utiliza la navaja, no está aprovechando todo su potencial. ¿Verdad? Las tijeras cortarían cosas, el abrebotellas abriría un refresco y el destornillador arreglaría cosas de la casa. Su nueva navaja puede tener todas estas opciones, pero no es muy eficaz si no conoce todas las herramientas.

Descubrir el propósito que Dios le ha dado da a su vida un significado más profundo[38]

Lo mismo ocurre con los seres humanos. Si no conoce su propósito, puede sentirse como si esa navaja suiza sólo sirviera para cortar cuerdas. Así que sólo hace esas cosas. Puede que no se sienta tan feliz o realizado porque no hace lo que realmente está destinado a hacer. Aprender de qué se trata es como descubrir que la cámara de su smartphone tiene una función de cámara lenta. De repente, la vida se vuelve mucho más emocionante y significativa.

Este capítulo le guiará a través de los pasos esenciales para ayudarle a encontrar y desarrollar el propósito que Dios le ha dado. Todos los creados y nacidos vienen por una razón o con un conjunto de habilidades particulares incorporadas que sólo necesitan descubrir y aprovechar. Hay una sección que presenta ejemplos bíblicos de personajes que descubren y cumplen el propósito que Dios les ha dado.

Si lucha por encontrar el suyo, esta es su oportunidad de mirar hacia dentro y descubrir el propósito único que Dios le ha dado a través de las enseñanzas y ejemplos bíblicos de este capítulo.

Si no pertenece a esta categoría, no pasa nada. Lea para un amigo. Si no tiene amigos, lea de todos modos, aprenderá un par de cosas.

El concepto de propósito divino y su importancia en la vida de un creyente

Como todo edificio fuerte y poderoso construido según el diseño arquitectónico del profesional adecuado, los seres humanos siguen un plano para sacar el máximo partido a sus vidas. Cada persona ha sido creada por una razón única, conocida como su propósito divino. Este propósito divino es el plano o plan exclusivo de Dios para cada individuo.

Este plan encaja perfectamente con quién es usted, sus capacidades, pasiones y retos porque Dios es el arquitecto. Al igual que una pieza de un rompecabezas tiene su lugar perfecto, cada persona tiene un papel especial en el gran cuadro de Dios. Sin embargo, puede llevar tiempo descubrir y comprender este plan. El Señor dice en Isaías 55:8-9: *«Porque mis pensamientos no son los de ustedes, ni sus caminos son los míos declara el Señor. Mis caminos y mis pensamientos son más altos que los de ustedes; ¡más altos que los cielos sobre la tierra!».*

El propósito de Dios para su vida es algo que él planeó mucho antes de que usted naciera. Jeremías 1:5:

> *«Antes de formarte en el vientre te conocí, antes de que nacieras te aparté; te designé profeta de las naciones».*

Conoce cada detalle de su vida y tiene una razón para cada paso que da.

Comprender su propósito divino da sentido y dirección a su vida. Cuando descubra lo que Dios quiere que haga, sentirá paz y alegría porque sabrá que recorre el camino que él le ha marcado. Aunque puede ser gratificante y satisfactorio descubrir su propósito divino, no siempre es fácil. Requiere mucha paciencia y fe. No se preocupe. En este capítulo se exponen los pasos prácticos para descubrir y desarrollar el propósito que Dios le ha dado. En primer lugar, he aquí algunos ejemplos bíblicos de los que puede aprender.

Figuras bíblicas que descubrieron y cumplieron los propósitos que Dios les dio

La Biblia contiene muchas historias de personas que descubrieron su propósito divino y lo siguieron de todo corazón. Encontrar y cumplir su propósito no siempre es fácil, pero merece la pena. Las siguientes historias ilustran la importancia de encontrar el propósito que Dios le ha dado:

Moisés como líder

Moisés es una de las figuras más conocidas de La Biblia. Se le conoce como el hombre al que Dios habló cara a cara. Éxodo 33:11,

«El Señor hablaba a Moisés cara a cara, como se habla a un amigo. Luego Moisés regresaba al campamento, pero su joven ayudante Josué hijo de Nun no salía de la tienda».

Imagine que es Moisés y que crece en un palacio con todas las riquezas y la educación que pueda desear. Como un príncipe egipcio, pero en el fondo sabe que es diferente. Su pueblo, los israelitas, no vive en palacios ni tiene los mismos privilegios.

Un día, ve cómo un egipcio golpea a un israelita. En el calor del momento, su pasión se enciende. No puede soportar ver esta injusticia, así que interviene y defiende a los israelitas, abatiendo a los egipcios. Puede parecer un acto aislado de ira, pero es una señal del líder en el que está destinado a convertirse. Dios le revela su propósito, aunque aún no lo comprenda del todo. Desea fervientemente proteger a su pueblo, defenderlo y luchar contra su opresión.

Sin embargo, no se convierte inmediatamente en un líder respetado: tuvo que huir de Egipto por lo que hizo. Acaba en el desierto, lejos de todo lo que conocía. Sin embargo, es aquí donde Dios le prepara para la grandeza. A veces, debe pasar por momentos difíciles para comprender lo que realmente está destinado a hacer. En el silencio y la quietud del desierto, Dios le habla. Le muestra una zarza ardiente, pero las hojas se mantienen erguidas como Sadrac, Mesac y Abed-nego en el horno de fuego. Dios le dice que saque a su pueblo de la esclavitud. Finalmente, conoce el propósito de Dios: ser un libertador.

Como ve, encontrar su propósito no siempre es sencillo. A veces, comienza con un sentimiento fuerte o una pasión que le preocupa profundamente. Puede que no vea el cuadro completo de inmediato. Para Moisés, su ira por la injusticia se convirtió en el primer indicio.

La misión que Dios le había encomendado no era un paseo por el parque. Desde luego, no era para pusilánimes. Afortunadamente, Moisés eligió la fe sobre el miedo y obedeció a Dios. Regresó a Egipto, se enfrentó al faraón y realizó milagros utilizando el poder de Dios para demostrar que Dios era real y poderoso. Dios facultó a Moisés para conducir a los israelitas fuera de Egipto y a través del mar Rojo, donde Dios realizó un milagro al separar las aguas para que pudieran cruzar a salvo.

Moisés guio al pueblo a través del desierto durante 40 años, enseñándoles las leyes de Dios y cómo vivir como su pueblo. A través de todo ello, Moisés cumplió su propósito divino confiando en Dios y guiando a su pueblo con valentía y fe.

Ester, como reina

Si alguien le hubiera dicho a Ester que se convertiría en reina del Imperio persa mientras ella y su pueblo estaban exiliados, probablemente le hubiera sugerido que se echara una siesta para descansar la cabeza.

La historia de Ester es un poderoso ejemplo de cómo Dios puede utilizar a cualquiera para cumplir un propósito divino, por improbable que sea. Ester era hija de un benjamita, Abihail. Sus padres murieron cuando ella era joven, así que su tío, Mardoqueo, se hizo cargo de su custodia. Por un milagroso giro del destino, el rey del Imperio persa sacó a su esposa del palacio, y comenzó la búsqueda de una nueva esposa.

Ester no habría creído que sería la reina del Imperio persa[14]

Ester fue elegida entre muchas jóvenes. Parecía un gran honor, pero también puso a Ester en una posición difícil. Tenía que ocultar su identidad judía porque ser judía en el palacio del rey era peligroso. Ese era el riesgo número uno.

Poco después de que Ester se convirtiera en reina, un hombre malvado llamado Amán, un alto funcionario de la corte del rey, se enfadó con Mardoqueo porque éste no se inclinaba ante él. En su ira, Amán engañó al rey para que promulgara una ley para destruir a todos los judíos del reino.

Cuando Mardoqueo se enteró de esto, se disgustó mucho y envió un mensaje a Ester, pidiéndole que fuera a ver al rey y rogara por sus vidas. Ester sabía que ir a ver al rey sin invitación podía significar la muerte. Sin embargo, Mardoqueo le recordó que podría ser reina para salvar a su pueblo. Ester 4:14, «*Porque si callas en este momento, el alivio y la liberación para los judíos surgirán de otro lugar, pero tú y la familia de tu padre perecerán. ¿Y quién sabe sino que has llegado a una posición real para un momento como éste?*».

Ester tuvo que ser valiente para correr el segundo riesgo. Ayunó y rezó durante tres días y pidió a los judíos que hicieran lo mismo. Ester 4:16, «*Ve y reúne a todos los judíos que están en Susa, para que ayunen por mí. Durante tres días no coman ni beban, ni de día ni de noche. Yo, por mi parte, ayunaré con mis doncellas al igual que ustedes. Cuando cumpla con esto, me presentaré ante el rey, por más que vaya en contra de la ley. ¡Y si perezco, que perezca!*». Ella se puso sus ropas reales y fue a ver al rey. Dios le dio su favor a los ojos del rey, y él le permitió hablar. Ester invitó al rey y a Amán a un banquete, y en el banquete, ella reveló su identidad judía y le contó al rey el malvado plan de Amán. El rey se enfureció y ordenó que se castigara a Amán. El propósito divino de Ester salvó a los judíos.

Ester cumplió su propósito divino siendo valiente y confiando en Dios. su valentía salvó a su pueblo y demostró que Dios puede utilizar a cualquiera para cumplir sus planes, por difícil que parezca la situación.

Pablo apóstol

Pablo, conocido como Saulo, tuvo una historia diferente. Al principio, no era seguidor de Jesús. No creía en Jesús, y pensaba que los que le seguían estaban equivocados.

Pablo seguía estrictamente las leyes judías y creía que los seguidores de Jesús quebrantaban esas leyes. Llegó incluso a perseguir a los cristianos, encarcelándolos y torturándolos. Hechos 9:1-2, «*Mientras tanto, Saulo seguía profiriendo amenazas asesinas contra los discípulos del Señor. Fue al sumo sacerdote y le pidió cartas para las sinagogas de Damasco, para que si encontraba allí a alguno que perteneciera al Camino, fuera hombre o mujer, lo llevara prisionero a Jerusalén*». Pablo pensaba que estaba haciendo lo correcto. Sin embargo, luchó contra el verdadero propósito de Dios.

Un día, Pablo se dirigía a Damasco para arrestar a más cristianos, y ocurrió algo increíble. Una luz brillante del cielo brilló de repente a su alrededor, y cayó al suelo. Oyó una voz que le decía: *«Saulo, Saulo, ¿por qué me persigues?»*. Jesús le hablaba desde el cielo. Conmocionado y aterrorizado, Pablo preguntó: *«¿Quién eres, Señor?». Jesús le respondió: «Yo soy Jesús, a quien tú persigues»* (Hechos 9:3-6). Este encuentro cambió por completo la vida de Pablo. Se dio cuenta de que Jesús era real y de que había estado equivocado.

Tras este encuentro, Pablo se convirtió en seguidor de Jesús. Comprendió que su propósito era hablar a todo el mundo de Jesús y de la buena nueva de la salvación. Pablo viajó a muchos lugares, predicando sobre Jesús, fundando iglesias y ayudando a los creyentes a crecer en su fe. Su camino vino acompañado de inmensos desafíos: fue encarcelado, golpeado, se enfrentó a muchos peligros e incluso naufragó.

Sin embargo, Pablo sabía que estaba haciendo la voluntad de Dios y continuó con vigor. Escribió muchas cartas a las Iglesias, que ahora forman parte de La Biblia. Utilizó las cartas para enseñar y animar a los cristianos a continuar con su fe.

El apóstol Pablo dedicó su vida a compartir el evangelio de Jesucristo y el amor de Dios y destacó porque ese era su propósito divino.

Comprender su propósito divino

Como Moisés, Ester y Pablo, cada creyente tiene un propósito divino, un papel único que Dios planeó que cumpliera. Descubrir este propósito no es fácil y suele llevar tiempo. A veces, debe pasar por situaciones difíciles para crecer y aprender más sobre sí mismo y sobre el plan de Dios para usted. Estos retos le ayudan a moldearse y a prepararse para las tareas de Dios. El propósito de Dios para todos es siempre bueno. Jeremías 29:11, *«Porque yo sé los planes que tengo para ti —declara Yahveh—, planes de prosperarte y no de dañarte, planes de darte esperanza y un futuro»*.

Debe permanecer cerca de Dios para encontrar su propósito divino. Dios le da esperanza y un futuro. Dedicar tiempo a la oración, leer La Biblia y hablar con otros creyentes que puedan proporcionarle consejos y apoyo sólidos le guiará hacia su propósito divino. Preste atención a lo que le atrae de forma natural y a lo que disfruta haciendo y se le da bien. A veces, Dios le habla a través de sus deseos y talentos para guiarle hacia una vida llena de alegría y realización para ayudar a los demás.

No puede descubrir su propósito divino y luego relajarse. Debe entender y seguir la visión, o será como el hombre que mantiene oculto el talento. Mateo 25:24-28:

«Después llegó el que había recibido sólo mil monedas. 'Señor —
explicó—, yo sabía que usted es un hombre duro, que cosecha donde no
ha sembrado y recoge donde no ha esparcido. Así que tuve miedo, y fui
y escondí su dinero en la tierra. Mire, aquí tiene lo que es suyo'. Pero su
señor le contestó: '¡Siervo malo y perezoso! ¿Así que sabías que cosecho
donde no he sembrado y recojo donde no he esparcido? Pues debías
haber depositado mi dinero en el banco, para que a mi regreso lo
hubiera recibido con intereses'. Quítenle las mil monedas y dénselas al
que tiene las diez mil».

Ya ve lo peligroso que es encontrar su propósito y quedarse sentado.
Una vez que encuentre su propósito, no deje que nadie le diga lo
contrario. Sígalo con todo su corazón, como hicieron Moisés, Ester y
Pablo. Cada uno tiene su propio camino. A veces, encontrar y seguir el
propósito de Dios puede requerir dejar a amigos íntimos o seres
queridos, pero usted debe estar dispuesto a hacerlo. Podría significar
unir fuerzas con personas con las que nunca imaginó hablar, pero usted
no es quien manda sino Dios. 1 Tesalonicenses 5:24: «El que los llama
es fiel, y lo hará».

Puede que se enfrente a retos y dificultades, pero puede confiar en
que Dios está con usted, le ayuda y le da fuerzas. Le ha prometido que
nunca la dejará ni la abandonará. Él la ayudará a cumplir su destino.

Pasos prácticos para identificar y desarrollar el propósito que Dios le ha dado

Encontrar el propósito que Dios le ha dado es algo importante. Pero no
se preocupe. Esta sección lo desglosa en pequeños pasos fáciles y
prácticos. En la búsqueda para encontrar su propósito, debe fijarse en
las pistas: sus puntos fuertes, sus pasiones y sus experiencias. ¿Adivine
qué? Dios planta pequeñas pistas a su alrededor desde el momento en
que nace para ayudarle a descubrirlo. Aquí tiene dónde buscar:

Dios planta pequeñas semillas que revelan el propósito de su vida[16]

Fíjese en las cosas en las que destaca de forma natural

Lo primero que debe comprobar es en qué es buena por naturaleza: sus puntos fuertes. Son cosas que le resultan fáciles, quizá cosas en las que no repara porque las siente como una segunda naturaleza. ¿La comparan sus amigos con una cantante famosa por lo bien que canta en casa? ¿Puede preparar una comida deliciosa sin despeinarse (y sin quemar la cocina: puntos de bonificación por ello)? Quizá tenga una memoria excelente y reproduzca una imagen que ve sobre el papel con detalles intrincados, o tal vez sea la mejor organizando cosas. Éstas son pistas sobre su verdadero propósito.

Puede que piense: «Pero yo no soy buena en nada». He aquí un secreto que debería conocer gratuitamente: todo el mundo tiene algo en lo que destaca, incluida usted. Puede ser algo pequeño, como llegar siempre a tiempo (no todo el mundo tiene ese don) o un talento para hacer reír a la gente. Piense en aquello por lo que la gente la felicita o que le sale de forma natural. Escriba esas cosas. Podría dar con algo con esas pistas.

¿Qué le apasiona?

Moisés estaba dispuesto a luchar por su pueblo. Pablo estaba dispuesto a morir por aquello en lo que creía. Ahora, pregúntese, ¿qué es lo que hace arder su corazón? ¿De qué podría hablar durante horas sin aburrirse? ¿Qué le hace cobrar vida? Cuando Dios le llama, a menudo empieza con algo que ya agita su corazón. Su pasión no es aleatoria. Es una pista de lo que usted está destinada a hacer. Al igual que Moisés, es posible que atraviese un período de espera y preparación en el desierto. Este tiempo no significa necesariamente retraso. Es Dios dándole forma y preparándole para su propósito. Sus pasiones son otra señal que apunta hacia el propósito que Dios le ha dado.

Consulte sus ayeres

Esto es algo que no todo el mundo hace. La mayoría de la gente se centra en el presente y en avanzar hacia el futuro, viviendo como si el ayer nunca hubiera existido. Sin embargo, en la búsqueda de su propósito, debe visitar su pasado. Así que, intente algo en este «momento presente». Mire hacia atrás en su vida. A veces, pensar en el pasado no es divertido, sobre todo si en su mayor parte es desagradable. Sin embargo, sus experiencias le dan forma.

Todo lo que ocurrió entonces no fue un accidente. Dios lo utiliza todo. Piense en lo bueno, lo malo y lo gracioso (como cuando intentó teñirse el pelo y acabó con un color que no se encuentra en la naturaleza). ¿Qué aprendió de esas experiencias? ¿Cómo le han hecho más fuerte, más sabia o más compasiva? Escríbalas porque le guiarán hacia su propósito.

Salga, pruebe algo nuevo y explore

Aquí es donde se pone emocionante. Tras hacer un examen de conciencia, es hora de actuar. El hombre más sabio de La Biblia dijo en Proverbios 14:23, *«Todo trabajo duro trae un beneficio, pero la mera charla sólo conduce a la pobreza»*. No basta con preguntarse por su propósito y seguir hablando de él. Empiece a probar cosas nuevas. Puede que su propósito sea algo que aún no ha intentado. Puede que admire a la gente que lo hace. Explore mientras tenga tiempo. Si cree que puede estar llamada a ayudar a los demás, hágase voluntaria en algún sitio. Si siente una atracción hacia la creatividad, empiece a pintar o a escribir. No tema salir de su zona de confort. El propósito que Dios le ha dado no le hará una visita sorpresa si todo lo que hace es sentarse en el sofá y ver la televisión todo el día. Salga de su cueva.

Ore y pida a Dios que le guíe

Este es el paso más importante. Si se salta éste, puede que pierda su camino. La Biblia dice en Proverbios 14:12, *«Hay un camino que parece recto, pero al final conduce a la muerte»*. Dios debe estar involucrado. Como humano, sus conocimientos y su poder son limitados. La buena noticia es que no tiene que resolverlo usted sola. ¿No es un alivio? Dios le guiará. Él conoce su propósito. Así que aproveche el tiempo de silencio para rezar y pedirle que le muestre el camino.

Cuando rece, sea sincera con Dios. Háblele de sus preocupaciones, esperanzas y confusiones. La respuesta podría llegar de varias formas: sintiéndose en paz, con una nueva idea o en una conversación con un amigo. Mantenga su corazón abierto y confíe en que Dios le está guiando hacia donde necesita ir.

La oración es crucial para descubrir el propósito que Dios le ha dado. Debe rezar con frecuencia, pedir a Dios que le guíe y escuchar atentamente su voz durante su viaje para descubrir su propósito. Puede hacerlo a través de la lectura de La Biblia, hablando con otros creyentes o prestando atención a lo que le apasiona. A menudo, Dios habla en voz baja a través de sus pensamientos, sentimientos y de las personas que le rodean. Habrá más sobre la oración en el próximo y último capítulo.

A medida que crezca en su relación con él, le revelará más de su plan para usted. Cuando por fin comprenda su propósito, cambiará todo en su forma de vivir. Se espera que tome decisiones acordes con el plan de Dios, lo que le dará la paz de saber que está haciendo aquello para lo que nació.

Diario de reflexión

Cree un tablero de visión de propósito en su diario. Reúna imágenes, citas y versículos bíblicos que resuenen con su comprensión del propósito que Dios le ha dado. Colóquelos en un tablero para crear una representación visual de su vocación. Utilice este tablero como recordatorio diario para mantenerse centrada en su propósito divino.

Capítulo 9: Desarrollar una vida de oración coherente

Muchos creyentes cometen el error de rezar a Dios sólo cuando tienen necesidad o miedo. Acordarse de rezar cuando se enfrenta a un problema demasiado grande para manejarlo o cuando está asustado es fácil. En momentos así, usted desahoga rápidamente su corazón, contándole sus problemas, miedos y preocupaciones porque busca desesperadamente su intervención.

Aunque es bueno rezar en esos momentos porque Dios quiere que le comunique sus necesidades y temores, la oración es mucho más que una herramienta para emergencias o para resolver sus problemas. La oración es una forma de construir una relación profunda y personal con Dios.

Rezar con constancia enriquece su relación con Dios[36]

Imagínese que sólo hablara con un amigo íntimo cuando necesitara algo o tuviera miedo. La relación se sentiría superficial y unilateral, ¿verdad? Lo mismo ocurre con Dios. Él desea una relación con usted basada en algo más que sus necesidades. Dios quiere que acuda a él en todas las situaciones. 1 Pedro 5:7: *«Depositen en él toda ansiedad, porque él cuida de ustedes»*. No importa si usted está feliz, triste, alegre o afligido. Él quiere estar siempre en comunión con usted.

Dedicar tiempo a rezar y estudiar La Biblia con regularidad es decirle al Señor que valora su relación con él. Cuénteselo todo. Él le escuchará y le ayudará. Desarrollar una vida de oración constante le dice a Dios que quiere conocerle más profundamente, no por lo que pueda hacer por usted, sino por quién es él. Dios sabe que usted le utiliza sólo para la oración de un solo asunto. En lugar de eso, búsquelo conscientemente a diario, pase tiempo en su presencia y hable con él de todo. Construirá una relación rica y duradera con su Padre Celestial, ladrillo a ladrillo.

Este capítulo le ayudará a desarrollar una vida de oración constante porque la necesitará mientras busca y desarrolla el propósito que Dios le ha dado.

Beneficios de rezar y estudiar La Biblia con regularidad

Aumento del nivel de fe

Rezar y leer La Biblia a diario ayuda a que su fe se fortalezca, como el ejercicio hace que su cuerpo se fortalezca. Cuanto más aprende sobre el amor y las promesas de Dios, más confía en él. Usted vio cómo Dios ayudó a la gente en La Biblia. Empiece a creer que él también puede ayudarle a usted. Siempre que reza, está mostrando confianza en Dios y construyendo la fe con el tiempo. Romanos 10:17, *«Así que la fe es por el oír, y el oír, por la palabra de Dios»*. Hebreos 11:6, *«Y sin fe es imposible agradar a Dios, porque todo el que se acerca a él debe creer que existe y que recompensa a los que le buscan fervientemente»*.

Aumento de la paz

La oración regular y el estudio de La Biblia traen la paz a su vida. Cuando reza, entrega sus preocupaciones y problemas a Dios, como si entregara una pesada bolsa a alguien para que la cargue. La lectura de La Biblia le recuerda las promesas de Dios y su cuidado por usted, lo que le ayuda a sentirse más tranquila y menos estresada. Siente paz, sabiendo que Dios está siempre con usted. Filipenses 4:6-7:

«No se inquieten por nada, sino que en toda situación, mediante la oración y la súplica, con acción de gracias, presenten sus peticiones a Dios. Y la paz de Dios, que sobrepasa todo entendimiento, guardará sus corazones y sus pensamientos en Cristo Jesús».

Isaías 26:3:

> *«Tú guardarás en perfecta paz a aquellos cuyo ánimo esté firme porque confían en ti».*

Aumento de la orientación

Si cultiva el hábito de rezar (pedir a Dios) que le guíe, verá lo real que es Dios en su vida. Jeremías 33:3 dice: *«Clama a mí y yo te responderé y te diré cosas grandes e inescrutables que tú no sabes».* Usted pide orientación porque no sabe. Dios puede mostrarle el camino correcto, las mejores decisiones y las personas que le ayudarán a crecer. El estudio regular de La Biblia le permite comprender mejor la guía de Dios. Salmo 119:105: *«Lámpara es a mis pies tu palabra, lumbrera a mi camino».* Cuando lee La Biblia con frecuencia, aprende lo que Dios quiere para su vida. Empieza a sentirse más segura de saber qué hacer.

Ejemplos bíblicos de personas con una vida de oración disciplinada

Daniel

Daniel fue un hombre del Antiguo Testamento con una vida de oración disciplinada. La Biblia afirma que Daniel oraba a Dios tres veces al día, arrodillado junto a su ventana que daba a Jerusalén (Daniel 6:10). Era un hábito que no rompería, aunque su vida dependiera de ello. Siguió rezando incluso cuando el rey promulgó una ley por la que cualquiera que rezara a alguien que no fuera el rey sería arrojado a un foso de leones. Pero no tuvo miedo. Como dijo en Daniel 11:32, *«...pero el pueblo que conoce a su Dios se mantendrá firme y actuará».* (RVR)

Jesús

Jesús es el modelo perfecto de una vida de oración disciplinada. Aunque tenía una vida muy ajetreada, sacaba tiempo para orar durante una hora o más. Jesús viajaba enseñando a la gente, curando a los enfermos y realizando milagros, pero aun así rezaba con regularidad. A menudo iba a lugares tranquilos temprano por la mañana o tarde por la noche para rezar a su Padre celestial. Marcos 1:35:

«Muy de mañana, cuando aún estaba oscuro, Jesús se levantó, salió de casa y se fue a un lugar solitario, donde oró».

Mateo 14:23:

«Después de despedirlos, subió solo a la ladera de una montaña para orar. Más tarde, esa misma noche, se quedó allí solo».

Lucas 6:12:

«Uno de aquellos días, Jesús se fue a orar a la ladera de una montaña y pasó la noche rezando a Dios».

Los primeros cristianos

Los primeros cristianos eran la multitud que seguía a Jesús dondequiera que fuera. Por eso, cuando él ascendió al cielo, se reunían en grupo, a menudo en las casas de unos y otros para compartir las comidas y rezar. La Biblia dice que estaban *«Entregados a la enseñanza de los apóstoles y a la comunión, a la fracción del pan y a la oración»* (Hechos 2:42). Estaban muy comprometidos a pasar tiempo juntos, aprender más sobre Dios y orar. En Hechos 12:5-7, oraron fervientemente y un ángel rescató a Pedro.

Consejos prácticos para crear un horario de oración

Fijar momentos específicos para la oración

¿Cuándo es más probable que disponga de unos minutos de tranquilidad a lo largo del día? ¿Es temprano por la mañana, antes de que la casa se despierte, o por la noche, después de que los niños se hayan acostado? Encuentre el momento que mejor le venga e intente ceñirse a él todos los días. Fijar una hora regular ayuda a convertir la oración en un hábito. Podría empezar rezando por la mañana al levantarse o rezando por la noche como última cosa que hace antes de acostarse. O podrían ser ambas cosas.

Fijar lugares específicos para la oración

Del mismo modo que es importante tener un tiempo específico, también puede ayudar tener un lugar especial para la oración. Éste debe ser un lugar en el que se sienta cómoda y pueda concentrarse en hablar con Dios. Podría ser un rincón de su dormitorio, un sillón acogedor en su salón o un lugar en su jardín. El objetivo es asegurarse de que no se distrae. Le ayuda a sentirse más cerca de Dios porque sólo están usted y Él en ese momento.

Métodos de oración

Oración de adoración

Una oración de adoración es cuando usted alaba a Dios sobre lo que Él es. En esta oración, usted le dice lo maravilloso, poderoso y amoroso que es. Un ejemplo de esta oración se encuentra en el Salmo 104:1-4:

«Alaba al Señor, alma mía. Señor, Dios mío, eres muy grande; estás revestido de esplendor y majestad. El Señor se envuelve en luz como con un manto; extiende los cielos como una tienda y coloca las vigas de sus cámaras superiores sobre sus aguas...».

Oración de confesión

1 Juan 1:8:

«Si pretendemos estar libres de pecado, nos engañamos a nosotros mismos y la verdad no está en nosotros».

Esta es una oración en la que humildemente le dice a Dios lo que ha hecho mal y le pide perdón. Ser sincero con Dios sobre sus errores es crucial. 1 Juan 1:9 dice:

«Si confesamos nuestros pecados, Él es fiel y justo y nos los perdonará y nos purificará de toda maldad».

Dios siempre está dispuesto a perdonarle cuando acude a Él con un corazón genuinamente arrepentido.

Oración de confesión"

Oración de acción de gracias

En esta oración, dé gracias a Dios por todas las cosas buenas de su vida. No se centre en lo que no tiene. En su lugar, cuente sus bendiciones y nómbrelas una a una, como dice el salmista. Verá que tiene motivos más que suficientes para dar gracias a Dios. 1 Crónicas 16:34, *«Dad gracias al Señor, porque es bueno; su amor es eterno»*.

Oración de súplica

Esta es la oración en la que usted pide la ayuda de Dios para sus necesidades y las de los demás. Puede planteárselo a Dios, ya sea algo grande o pequeño. La Biblia dice en Efesios 3:20 que Dios *«...es capaz de hacer inconmensurablemente más de lo que pedimos o imaginamos, según su poder que actúa en nosotros...»*. Así que pídale ayuda.

Sugerencias para integrar el estudio de La Biblia en la rutina diaria

Un devocional es una lectura breve que suele incluir un versículo bíblico y una breve reflexión o historia para ayudarle a contemplar la Palabra de Dios. Puede leerlo por la mañana con su oración o en cualquier momento del día. Puede ser breve, pero puede establecer un tono positivo para su día y recordarle la presencia de Dios.

Puede seguir un plan de lectura bíblica que le oriente sobre los versículos que debe leer cada día. Hay muchos planes disponibles en Internet. Algunos están diseñados para ser leídos en un año. Otros se centran en temas o libros específicos de La Biblia. Elija un plan que le interese y se adapte a su horario. Puede combinar su tiempo de oración con el estudio de La Biblia. Cuando se acerque a Dios en la oración y el estudio de La Biblia, *«...tus oídos percibirán a tus espaldas una voz que te dirá: "Éste es el camino; síguelo"»*. (Isaías 30:21).

Diario de reflexión

Cree un horario semanal de oración y estudio de La Biblia. Planifique momentos específicos cada día dedicados a la oración y a la lectura de La Biblia. Utilice su diario para hacer un seguimiento de sus progresos, anotando las percepciones o las oraciones contestadas. Reflexione sobre cómo esta rutina fortalece su relación con Dios.

Conclusión

Como mujer, su vida posee muchos papeles y responsabilidades. Puede que sea madre, hija, hermana, esposa o amiga. Entre hacer malabarismos con el trabajo, cuidar de su familia y gestionar un hogar, suele sentirse abrumada. De ahí que necesite programar tiempo para el estudio de La Biblia y la oración. Estas herramientas espirituales le ayudarán a encontrar paz, guía y fuerza para llevar a cabo sus actividades diarias con eficacia.

Felicidades por haber finalizado este viaje espiritual con esta guía. Ha invertido tiempo y recursos en su vida y seguramente cosechará los beneficios. Ha descubierto cómo Dios ayudó a las mujeres en el pasado. Aprendió sobre mujeres como Ester, la valiente huérfana convertida en reina, y Rut, que fue leal y bondadosa. Todos los personajes bíblicos que aparecen en este libro tenían lecciones morales de las que usted podía aprender.

Estudiar La Biblia le enseña mucho sobre el amor de Dios y su voluntad. Estudiar La Biblia y ser más constante en la oración le conecta personalmente con Dios, y siente que su presencia le envuelve como una manta cálida. Rezar con regularidad la convierte en la dama del ambiente relajado. Se siente y parece más tranquila y menos estresada porque sabe que Dios la escucha y que todo está funcionando a su favor. La Biblia dice en Romanos 8:28: «Y sabemos que en todas las cosas Dios obra para el bien de los que le aman, de los que han sido llamados conforme a su propósito».

Combinar el estudio de La Biblia y la oración le ayuda a decidir mejor porque cuando pide a Dios que la guíe, confía en que él le mostrará el camino correcto. El estudio de La Biblia y la oración le ayudan a construir relaciones más sólidas. Aprende a amar y perdonar a los demás a partir de las enseñanzas de Jesús sobre el amor y el perdón de Dios. Usted se vuelve más paciente y amable, mejorando sus relaciones con su familia, amigos y otras personas. Aprende a ser más comprensiva y compasiva, viendo a los demás como Dios los ve.

Encontrar su propósito divino y su dirección en la vida nunca ha sido tan fácil. Como mujer, puede que se pregunte cuál es su propósito o qué debe hacer con su vida. La Biblia enseña que Dios tiene un plan para todos, incluida usted. Aquí tiene más buenas noticias: tiene una guía a la que acudir siempre que se sienta perdida o confusa.

El estudio de La Biblia y la oración constante no son cosas que deba hacer. Es algo que debe hacer si desea sobresalir en todos los ámbitos de la vida y cumplir su propósito divino en la Tierra. Camine con Dios y observe cómo le da forma para convertirla en la gloriosa reina que él creó. Es su momento de manifestarse.

Antes de cerrar este libro, rece una oración con estos versículos bíblicos:

- Salmo 25:4-5: «*Muéstrame tus caminos, Señor, enséñame tus sendas. Guíame en tu verdad y enséñame, porque tú eres Dios, mi Salvador, y mi esperanza está en ti todo el día*».

- Salmo 119:35: «*Dirígeme por la senda de tus mandatos, porque en ella hallo deleite*».

- Salmo 86:11: «*Enséñame tu camino, Señor, para que confíe en tu fidelidad; dame un corazón indiviso, para que tema tu nombre*».

- Salmo 19:14: «*Que estas palabras de mi boca y esta meditación de mi corazón sean agradables a tus ojos, Señor, Roca mía y Redentor mío*».

Mira otro libro de la serie

Referencias

10 Best Psalms About Trusting God (And Not the World). (2020, November 15). Psalm 91. https://psalm91.com/2020/11/15/10-best-psalms-about-trusting-god-and-not-the-world/

10 Psalms of Trust in God's Goodness and Care for His People - BibleTruths. (2017, November 22). BibleTruths. https://www.bibletruths.org/10-psalms-trust-god-goodness-care/

Anderson, E. (2024, July 12). 5 Themes From the Psalms - The Rebelution. The Rebelution. https://www.therebelution.com/blog/2024/07/5-themes-from-the-psalms/

Brodie, J. (2020, October 26). 6 Beautiful Psalms for Encouragement for You in Your Daily Life. Christianity.com; Salem Web Network. https://www.christianity.com/wiki/bible/psalms-to-encourage-you-in-your-daily-life.html

Bucher, M. (2018, November 3). Who Was Mary Magdalene in the Bible? - 5 Questions Answered. Bible Study Tools; Salem Web Network. https://www.biblestudytools.com/bible-study/topical-studies/who-was-mary-magdalene.html

Carroll, J. (2006, June). Who Was Mary Magdalene? Smithsonian; Smithsonian.com. https://www.smithsonianmag.com/history/who-was-mary-magdalene-119565482/

Fr. Stavros Akrotirianakis. (2020, April 28). Psalm 11—Trusting in God Must Be a Consistent Theme. Orthodox Christian Network. https://myocn.net/psalm-11-trusting-in-god-must-be-a-consistent-theme/

Guiley, R. E. (2021, December 7). The Importance of Prayer and Meditation. Unity.org. https://www.unity.org/article/importance-prayer-and-meditation

Lucey, C. (2020, December 29). Who Was Mary the Mother of Jesus? Christianity.com. https://www.christianity.com/wiki/holidays/who-was-mary-the-mother-of-jesus.html

The Role of Psalms in Christian Worship. (2024, June 5). Digital Bible; Digital Bible. https://digitalbible.ca/article-page/modern-topics-what-does-the-bible-say-about-psalm

WHN. (2010, December 26). Mary, Mother of Jesus Christ. Women's History Network. https://womenshistorynetwork.org/mary-mother-of-jesus-christ/

Worshiping with the Psalms. (2015). Reformed Worship. https://www.reformedworship.org/article/june-2016/worshiping-psalms

Fuentes de imágenes

1 https://www.pexels.com/photo/person-holding-brown-holy-bible-5199796/

2 diseñado por Freepik. https://www.freepik.com/free-photo/words-smart-goals-with-dart-target-dartboard_1131515.htm

3 https://www.pexels.com/photo/close-up-shot-of-a-person-reading-a-bible-5206052/

4 https://www.pexels.com/photo/close-up-photo-of-bible-4654082/

5 https://www.pexels.com/photo/silhouette-of-man-with-angel-wings-during-dawn-2043837/

6 diseñado por Freepik. https://www.freepik.com/free-vector/gradient-ascension-day-illustration_25001742.htm

7 https://www.pexels.com/photo/rosary-on-holy-bible-5875398/

8 https://www.pexels.com/photo/close-up-of-the-bible-5124915/

9 diseñado por Freepik. https://www.freepik.com/free-vector/hand-drawn-moses-illustration_37370323.htm

10 diseñado por Freepik. https://www.freepik.com/free-photo/front-view-person-making-heart-from-holy-book-pages_9469595.htm

11 diseñado por Freepik. https://www.freepik.com/free-photo/vertical-shot-female-wearing-biblical-robe-with-her-hands-up-towards-sky-praying_8981177.htm

12 diseñado por Freepik. https://www.freepik.com/free-photo/portrait-queen-with-royal-crown_40391193.htm

13 https://www.pexels.com/photo/writing-typography-blur-bokeh-11506026/

14 https://www.pexels.com/photo/a-man-in-brown-robe-holding-a-shepherd-s-crook-7360551/

15 https://www.pexels.com/photo/waterfall-in-mountainous-terrain-with-steep-slopes-5668668/

16 https://www.pexels.com/photo/open-bible-book-lying-on-white-blanket-among-decorations-22711043/

17 https://www.pexels.com/photo/silhouette-image-of-person-praying-1615776/

18 https://www.pexels.com/photo/sheep-grazing-on-dramatic-cliff-edge-28544171/

19 diseñado por Freepik. https://www.freepik.com/free-photo/person-wearing-biblical-robe-standing-water-with-blurred_14256138.htm

20 https://www.pexels.com/photo/new-testament-book-5421124/

21 diseñado por Freepik. https://www.freepik.com/free-photo/shallow-focus-shot-jesus-christ-giving-piece-bread-female-wearing-biblical-robe_13291250.htm

22 https://www.pexels.com/photo/mother-mary-and-christ-figurine-on-black-background-51524/

23 https://www.pexels.com/photo/colorful-cutouts-of-the-word-purpose-4116640/

24 https://www.pexels.com/photo/ancient-wall-decoration-5624531/

25 https://www.pexels.com/photo/shallow-focus-of-sprout-401213/

26 https://www.pexels.com/photo/woman-wearing-white-long-sleeved-shirt-prayng-3285947/

27 diseñado por Freepik. https://www.freepik.com/free-photo/close-up-priest-talking-with-person_22814903.htm